I0172732

LE LIVRE DE PRIÈRES DE L'HEURE SAINTE

« N'AS-TU PAS EU LA FORCE DE VEILLER UNE HEURE AVEC MOI ? »

MÉDITATIONS ET RÉFLEXIONS

FULTON J. SHEEN

L'évêque Sheen aujourd'hui

280, rue John

Midland, Ontario, Canada, L4R 2J5

www.bishopsheentoday.com

Édition et mise en forme du livre par Ajayi Isaac

mailto:smeplegacy@gmail.com/ +2348162435897

Design de couverture réalisé par Janika Barman

www.twitter.com/barman_janika

Données de catalogage en cours de publication de la Bibliothèque du Congrès

Noms : Sheen, Fulton J. (Fulton John), 1895-1979, auteur. | Smith, Allan J., éditeur.

Sheen, Fulton J. (Fulton John), 1895-1979. L'Heure Sainte : Lecture et prières pour une heure quotidienne de méditation. Préparé pour le Conseil national des hommes catholiques. Huntington, IN : Notre visiteur du dimanche, (1946)

L'armure de Dieu : réflexions et prières pour le temps de guerre. Enregistré au nom de P. J. Kenedy and Sons sous le numéro de fiche de catalogue du Congrès de la bibliothèque : A 174944, après sa publication le 15 juillet 1943

Smith, Al (Allan J.) éditeur – Le Seigneur nous apprend à prier : une anthologie de Fulton Sheen. Manchester, New Hampshire : Sophia Institute Press, 2019, ISBN 9781644130834.

Titre : Le livre de prières de l'heure sainte. « N'as-tu pas eu la force de veiller une heure avec moi ? Méditations et réflexions de Fulton J. Sheen.

Fulton J. Sheen ; compilé par Allan J. Smith.

Description : Midland, Ontario : L'évêque Sheen aujourd'hui, 2021

Identificateurs:

ISBN : 978-1-997627-38-8 (livre de poche)

ISBN : 978-1-997627-39-5 (eBook)

ISBN : 978-1-997627-38-8 (relié)

Comprend des références bibliographiques.

Sujets : Jésus-Christ — L'heure sainte — Prière et méditation

DÉDIÉ À

NOTRE-DAME SIÈGE DE LA SAGESSE

EN HUMBLE PÉTITION

QUE PAR TON

COEUR IMMACULÉ

LE MONDE PEUT TROUVER

SON RETOUR À

LE SACRÉ-CŒUR DE

TON DIVIN FILS

Ad maiorem Dei gloriam

inque hominum salutem

Table des matières

POURQUOI FAIRE

UNE HEURE SAINTE ?

Le but de ces méditations est d'aider les âmes à s'assurer une paix intérieure en méditant une heure continue par jour sur Dieu et notre destinée immortelle. Que l'on utilise ou non ces méditations n'a pas la moindre importance. Certains juifs, certains protestants et certains catholiques peuvent le trouver très insatisfaisant. Si, cependant, ils les rejettent parce qu'ils veulent faire l'Heure Sainte à leur manière, ils auront atteint son but. Ce qui est vital, ce n'est pas que ces méditations soient utilisées, mais qu'il y ait de la méditation.

Mais pourquoi passer une heure par jour en méditation ? Parce que nous vivons à la surface de notre âme, sachant peu de choses ni de Dieu ni de notre moi intérieur. Notre connaissance concerne principalement les choses, pas le destin. La plupart de nos difficultés et déceptions dans la vie sont dues à des erreurs dans nos plans de vie. Ayant oublié le but de la vie, nous avons même douté de la valeur de la vie.

Un os cassé donne de la douleur parce qu'il n'est pas là où il devrait être; nos âmes sont à l'agonie parce que nous ne nous occupons pas de la plénitude de la Vie, de la Vérité et de l'Amour, qui est Dieu.

Mais pourquoi faire une heure sainte ? Voici dix raisons.

(1) Parce que c'est du temps passé en présence de Notre-Seigneur Lui-même. Si la foi est vivante, il n'y a pas besoin d'autre raison.

(2) Parce que dans notre vie trépidante, il faut beaucoup de temps pour se débarrasser des « démons de midi », des soucis mondains, qui s'accrochent à nos âmes, comme de la poussière. Une heure avec Notre-Seigneur suit l'expérience des disciples sur le chemin d'Emmaüs (Luc 24:13-35). Nous commençons par marcher avec Notre-Seigneur, mais nos yeux sont « retenus » pour que nous ne le reconnaissions pas. Ensuite, il converse avec notre âme, pendant que nous

lisons les Écritures. La troisième étape est celle de la douce intimité, comme lorsqu'il « s'est assis à table avec eux ». La quatrième étape est l'aube complète du mystère de l'Eucharistie. Nos yeux sont « ouverts » et nous le reconnaissons. Finalement, nous arrivons au point où nous ne voulons plus partir. L'heure semblait si courte. Lorsque nous nous levons, nous nous demandons :

Notre cœur ne brûlait-il pas au-dedans de nous lorsqu'il nous a parlé sur la route et qu'il nous a expliqué les Écritures ? (Luc 24:32)

(3) Parce que Notre-Seigneur l'a demandé.

N'aviez-vous donc pas la force de veiller avec moi, même pendant une heure ? (Matthieu 26:40).

La parole s'adressait à Pierre, mais il est appelé Simon. C'est notre Simon-nature qui a besoin de l'heure. Si l'heure semble dure, c'est que... L'Esprit est assez disposé, mais la chair est faible. (Marc 14:39)

(4) Parce que l'Heure Sainte maintient un équilibre entre le spirituel et le pratique. Les philosophies

occidentales ont tendance à un activisme dans lequel Dieu ne fait rien, et l'homme tout; les philosophies orientales tendent vers un quiétisme dans lequel Dieu fait tout, et l'homme rien. Le juste milieu est, selon les paroles de saint Thomas : « l'action après le repos », Marthe marchant avec Marie. L'Heure Sainte unit le contemplatif à la vie active de la personne.

Grâce à l'heure avec Notre-Seigneur, nos méditations et nos résolutions passent du conscient au subconscient et deviennent alors des motifs d'action. Un nouvel esprit commence à envahir notre travail. Le changement est opéré par Notre Seigneur, qui remplit notre cœur et agit par nos mains. Une personne ne peut donner que ce qu'elle possède. Pour donner le Christ aux autres, il faut le posséder.

(5) Parce que l'Heure Sainte nous fera pratiquer ce que nous prêchons.

Voici une image, dit-il, du royaume des cieux; Il était une fois un roi qui célébrait un festin de noces pour son fils, et envoyait ses serviteurs avec une

4

sommation à tous ceux qu'il avait invités au mariage; Mais ils ne voulaient pas venir. (Matthieu 22:2, 3).

Il a été écrit de Notre-Seigneur qu'Il « s'est mis en route pour faire et pour enseigner » (Actes 1:1). Celui qui pratique l'Heure Sainte trouvera que, lorsqu'il enseigne, le peuple dira de lui comme du Seigneur :

Tout... ils furent étonnés des paroles gracieuses qui sortaient de sa bouche. (Luc 4:22)

(6) Parce que l'Heure Sainte nous aide à réparer à la fois les péchés du monde et les nôtres. Lorsque le Sacré-Cœur est apparu à sainte Marguerite-Marie, c'est son cœur, et non sa tête, qui a été couronné d'épines. C'est l'Amour qui a été blessé. Messes noires, communions sacrilèges, scandales, athéisme militant, qui va les compenser ? Qui sera un Abraham pour Sodome, une Marie pour ceux qui n'ont pas de vin ? Les péchés du monde sont nos péchés comme si nous les avions commis. S'ils ont causé à Notre-Seigneur une sueur sanglante, au point qu'Il a reproché à Ses disciples de ne pas être restés avec Lui une heure, demanderons-nous avec Caïn :

5

Est-ce à moi de veiller sur mon frère ?

(Genèse 4:9)

(7) Parce qu'il réduit notre sensibilité à la tentation et à la faiblesse. Se présenter devant Notre-Seigneur dans le Saint-Sacrement, c'est comme mettre un malade tuberculeux dans un bon air et au soleil. Le virus de nos péchés ne peut exister longtemps face à la Lumière du monde.

Je peux toujours garder le Seigneur en vue; Il est toujours à ma droite, pour me faire tenir ferme. (Psaume 15:8)

Nos impulsions pécheresses sont empêchées de surgir à travers la barrière érigée chaque jour par l'Heure Sainte. Notre volonté devient disposée à la bonté avec peu d'effort conscient de notre part. Satan, le lion rugissant, n'a pas été autorisé à lever la main pour toucher le juste Job avant d'en avoir reçu la permission (Job 1:12). Il est certain que le Seigneur retiendra une chute sérieuse de celui qui veille (1 Corinthiens 10:13). Avec une pleine confiance dans son Seigneur eucharistique, la personne aura une résilience spirituelle. Il rebondira rapidement après une chute : Tombe moi, il n'y a que pour me relever, assieds-toi dans les ténèbres, le Seigneur sera ma lumière. Je dois supporter le mécontentement du Seigneur, moi qui ai péché contre lui, jusqu'à ce qu'enfin il accepte ma supplication et m'accorde réparation. (Michée 7:8, 9).

Le Seigneur sera favorable même aux plus faibles d'entre nous, s'il nous trouve à ses pieds en adoration, nous disposant à recevoir les faveurs divines. À peine Saul de Tarse, le persécuteur, s'était-il humilié devant son Créateur, que Dieu a envoyé un messager spécial à son secours, lui disant que « maintenant il est à ses prières » (Actes 9:11). Même la personne qui est tombée peut s'attendre à être rassurée si elle veille et prie.

Ils augmenteront, ceux qui jusqu'ici avaient diminué, seront exaltés, ceux qui ont été abaissés. (Jérémie 30:19, 20).

8) Parce que l'Heure Sainte est une prière personnelle, la personne, qui se limite strictement à

son obligation officielle, est comme l'homme syndicaliste qui abat ses outils dès que le coup de sifflet retentit. L'amour commence quand le devoir se termine. C'est un don du manteau lorsque le manteau est pris. C'est marcher un effort supplémentaire.

La réponse viendra avant qu'un appel au secours ne soit lancé; La prière trouve audience tant qu'elle est encore sur leurs lèvres. (Ésaïe 65:24)

Bien sûr, nous n'avons pas besoin de faire une heure sainte – et c'est juste le but. L'amour n'est jamais contraint, sauf en enfer. Là, l'amour doit se soumettre à la justice. Être forcé d'aimer serait une sorte d'enfer. Aucun homme qui aime une femme n'est obligé de lui offrir une bague de fiançailles, et aucune personne qui aime le Sacré-Cœur n'a jamais à donner une heure de fiançailles.

« Voulez-vous aussi vous en aller ? » (Jean 6:68) est l'amour faible; « Dors-tu ? » (Marc 14:37) est un amour irresponsable; « Il avait de grandes possessions » (Matthieu 19:22; Marc 10:22) est un amour égoïste. Mais la personne qui aime son Seigneur a-t-elle le temps de s'adonner à d'autres activités avant d'accomplir des actes d'amour « au-delà de l'appel du devoir » ? Le patient aime-t-il le médecin qui facture chaque appel, ou commence-t-il à aimer quand le médecin dit : « Je suis juste passé voir comment vous alliez » ?

(9) La méditation nous empêche de chercher une échappatoire extérieure à nos soucis et à nos misères. Lorsque des difficultés surgissent, lorsque les nerfs sont tendus par de fausses accusations, il y a toujours un danger que nous regardions vers l'extérieur, comme le faisaient les Israélites, pour nous libérer.

C'est du Seigneur Dieu, le Saint d'Israël que la parole vous a été donnée : revenez et restez tranquilles, et tout ira bien pour vous ; C'est dans le calme et dans la confiance que réside votre force. Mais vous n'en voudriez pas; À cheval ! Vous avez pleuré, il faut fuir ! et tu fuiras ; Nous devons chevaucher vite, avez-vous dit, mais plus vite encore chevaucher vos poursuivants. (Ésaïe 30:15, 16).

Ni échappatoire extérieure, ni plaisir, ni boisson, ni amis, ni occupation, n'est une réponse. L'âme ne peut pas « voler sur un cheval »; Il doit emporter des « ailes » vers un endroit où sa « vie est cachée... avec Christ en Dieu » (Col. 3:3).

(10) Enfin, parce que l'Heure Sainte est nécessaire à l'Église. Personne ne peut lire l'Ancien Testament sans prendre conscience de la présence de Dieu dans l'histoire. Combien de fois Dieu a-t-il utilisé d'autres nations pour punir Israël pour ses péchés ! Il a fait de l'Assyrie la « verge qui exécute ma vengeance » (Ésaïe 10:5). L'histoire du monde depuis l'Incarnation est le Chemin de Croix. L'essor des nations et leur chute restent liés au Royaume de Dieu. Nous ne pouvons pas comprendre le mystère du gouvernement de Dieu, car c'est le « livre scellé » de l'Apocalypse. Jean a pleuré quand il l'a vu (Apocalypse 5:4). Il ne comprenait pas pourquoi ce moment de prospérité et cette heure d'adversité.

La seule exigence est l'aventure de la foi, et la récompense est la profondeur de l'intimité pour ceux qui cultivent son amitié. Demeurer avec le Christ est communion spirituelle, comme Il a insisté sur la nuit solennelle et sacrée de la dernière Cène, au moment qu'Il a choisi pour nous donner l'Eucharistie :

Vous n'avez qu'à vivre en moi, et je vivrai en vous. (Jean 15:4)

Il nous veut dans sa demeure, afin que vous soyez aussi là où je suis. (Jean 14:3)

COMMENT FAIRE L'HEURE SAINTE

« Que rien ne t'empêche de prier toujours, et n'aie pas peur d'être justifié jusqu'à la mort, car les récompenses de Dieu subsistent éternellement. Avant la prière, prépare ton âme; et ne soyez pas comme un homme qui tente Dieu » (Sir. 18; 22-23).

La prière est l'élévation de notre âme vers Dieu jusqu'à ce qu'elle corresponde parfaitement à sa Sainte Volonté. Notre divin Seigneur, décrivant sa mission, a dit : « Car je suis descendu du ciel, non pour faire ma volonté, mais la volonté de celui qui m'a envoyé... le Père, afin que je ne perde rien de ce qu'il m'a donné, mais que je le ressuscite au dernier jour » (Jean 6:38, 39). « Ma nourriture, c'est de faire la volonté de celui qui m'a envoyé, pour accomplir son œuvre » (Jean 4:34).

Pour correspondre à la Volonté divine, il faut d'abord la connaître, et ensuite avoir la grâce et la force de correspondre à elle, une fois qu'elle est connue. Mais pour obtenir ces deux dons de lumière pour notre esprit et de puissance pour notre volonté, nous devons vivre en termes d'amitié intime avec Dieu. Cela se fait par la prière. Une vie de prière est donc une vie vécue en conformité avec la Sainte Volonté de Dieu, comme une vie sans prière est une vie de volonté propre et d'égoïsme.

Il y a un élément de la prière commun aux juifs, aux protestants et aux catholiques, à savoir la croyance en Dieu. Plus de la moitié des prières, par exemple, qu'un prêtre dit dans son office divin, sont tirées de l'Ancien Testament. En ce qui concerne les trois, c'est-à-dire les juifs, les protestants et les catholiques; une heure sainte sera donc comprise comme une heure par jour consacrée à la méditation de Dieu et de notre salut éternel. Cette Heure Sainte peut être faite n'importe où.

Pour les catholiques, cependant, l'Heure Sainte a une signification très particulière. Cela signifie une heure continue et ininterrompue passée en présence de Notre divin Seigneur dans l'Eucharistie; c'est pourquoi une méditation sur la Sainte Eucharistie a été incluse comme l'une de ces méditations dans ce livre.

Dans le cas des prêtres et des religieux, il est suggéré qu'ils fassent cette Heure Sainte en plus de leur récitation habituelle de l'Office divin et de la Sainte Messe.

Cette Heure Sainte sera consacrée à la prière et à la méditation. Une distinction est faite ici entre les deux, l'accent étant mis sur le dernier. Par prière, nous entendons ici la récitation de prières formelles, généralement composées par une personne différente de celle qui prie.

Les Psaumes représentent l'une des formes les plus élevées de prière vocale et sont communs aux juifs, aux protestants et aux catholiques. D'autres prières vocales comprennent le Notre Père, l'Ave Maria, le

Credo, le Confiteor, les Actes de Foi, l'Espérance et la Charité, et des milliers d'autres prières trouvées dans les livres religieux. Il y a trois sortes d'attention dans la prière vocale : (1) aux paroles, de peur que nous ne les disions mal; (2) à leur sens et à leur signification; et (3) à Dieu et à l'intention pour laquelle nous prions. Le dernier type d'attention est essentiel à la prière vocale.

Mais le but principal de ces méditations de l'Heure Sainte est de cultiver la prière mentale ou la méditation. Très peu d'âmes méditent; Soit ils sont effrayés par le mot, soit ils n'ont jamais enseigné son existence. Dans l'ordre humain, l'homme amoureux est toujours conscient de l'être aimé, vit en présence de l'autre, se résout à faire la volonté de l'autre et considère comme sa plus grande jalousie le fait d'être surpassé dans le moindre avantage du don de soi. Appliquez cela à une âme amoureuse de Dieu, et vous avez les rudiments de la méditation.

La méditation est donc une sorte de communion d'esprit à esprit, avec Dieu comme objet. Sans chercher à fixer les aspects formels de la méditation, mais à la rendre aussi intelligible que possible pour les débutants, la technique de la méditation est la suivante :

(1) Nous parlons à Dieu : Nous commençons par nous mettre en présence de Dieu. Pour ceux qui font l'Heure Sainte avant le Saint-Sacrement, il doit y avoir une conscience de notre présence devant le Corps, le Sang, l'Âme et la Divinité de Notre Seigneur et Sauveur Jésus-Christ. Naturellement, il existe différents degrés d'intimité avec les personnes. Dans un théâtre, il y a des centaines de personnes présentes, mais peu ou pas d'intimité entre elles. L'intimité s'approfondit dans la mesure où nous établissons une conversation avec l'un ou plusieurs d'entre eux, et selon que cette conversation découle d'un intérêt commun. Il en est de même pour Dieu.

La prière n'est donc pas une simple demande de choses, mais un but à une transformation; c'est-à-dire un devenir « conforme à l'image de son Fils » (Romains 8:29). Nous prions non pas pour disposer Dieu à nous donner quelque chose, mais pour nous disposer à recevoir quelque chose de Lui : la plénitude de la Vie divine.

(2) Dieu nous parle : l'activité n'est pas seulement du côté humain, mais aussi du côté divin. Une conversation est un échange, pas un monologue. Comme l'âme a voulu s'approcher de Dieu, Dieu veut s'approcher de l'âme. Ce serait une erreur de monopoliser la conversation avec des amis, c'est encore plus mal de le faire dans nos relations avec Dieu. Nous ne devons pas nous contenter de parler ; Nous devons aussi être à l'écoute. « Parle, Seigneur, car ton serviteur écoute » (1 Rois 3:9).

L'âme fait maintenant l'expérience de la vérité des paroles « Approchez-vous de Dieu, et il s'approchera de vous » (Jacques 4:8). Tout au long de la méditation, il concevra des affections dévotes, d'adoration, de supplication, de sacrifice et de réparation à Dieu, mais particulièrement à la fin de la méditation. Ces affections ou colloques doivent être offerts de préférence dans notre propre langue, car chaque âme doit faire son amour à Dieu, et Dieu aime chaque âme d'une manière particulière.

Au commencement, l'âme attirée à Jésus par un élan de grâce, vient à Lui, remplie de pensées et d'aspirations naturelles, et très ignorante du surnaturel. Il ne comprend ni Dieu ni lui-même. Il a quelques relations intimes avec la Divinité en dehors d'lui-même et en lui-même, mais il commence à converser avec Jésus. S'il persiste dans la fréquentation de sa compagnie, le Seigneur prend peu à peu une part toujours plus grande à la conversation et commence à éclairer l'âme. Dans sa contemplation des mystères de la foi, il l'aide à pénétrer au-delà des mots, des faits et des symboles, jusqu'alors connus seulement superficiellement, et à saisir le sens intérieur des vérités surnaturelles contenues dans ces faits, ces paroles ou ces symboles. Les Écritures s'ouvrent peu à peu à l'âme. Les textes bien connus commencent à acquérir un sens nouveau et plus profond. Les expressions familières transmettent une connaissance que l'âme s'étonne de n'avoir jamais découverte en elles auparavant. Toute cette lumière nouvelle est orientée vers une compréhension plus complète et plus parfaite des mystères de notre foi, qui sont les mystères de la vie de Jésus » (Leen, Progrès par l'oraison mentale, p. 29. Sheed et Ward).

Ne lisez pas ces méditations comme une histoire. Lisez lentement quelques lignes; fermer le livre; pensez à la vérité qu'ils contiennent; appliquez-les à votre propre vie; parle à Dieu du peu de chose que tu as fait à sa volonté, de l'impatience que tu as de faire; écoutez Dieu parler à votre âme; faites des actes de foi, d'espérance et d'amour envers Dieu, et ce n'est que lorsque ce fil de pensée a été épuisé que vous devriez passer à l'idée suivante. Une seule Heure Sainte ne nécessitera pas nécessairement la lecture d'un chapitre de ce livre. Si l'on médite bien, un seul chapitre devrait fournir des pensées pour de nombreuses heures saintes.

Lorsque ce livre de méditations est épuisé, prenez soit les Saintes Écritures, soit un livre vraiment spirituel, soit la vie d'un saint, et utilisez-le comme inspiration et pour la méditation.

22

PREMIÈRE MÉDITATION

L'INCARNATION DE NOTRE SEIGNEUR ET SAUVEUR JÉSUS-CHRIST

L'amour est naturellement expansif, mais l'Amour Divin est créatif. L'amour a révélé le secret de sa bonté au néant, et c'est la création. L'amour a fait quelque chose qui ressemble à sa propre image et ressemblance, et c'était l'homme. L'amour est prodigue de ses dons, et ce fut l'élévation de l'homme à la filiation adoptive de Dieu. L'amour doit toujours courir le risque de ne pas être aimé en retour, car l'amour est gratuit. Le cœur humain a refusé de rendre cet amour de la seule manière dont l'amour puisse jamais être montré, c'est-à-dire par la confiance et la confiance dans un moment d'épreuve. L'homme, perdant ainsi les dons de Dieu, a obscurci son intelligence, a affaibli sa volonté et a apporté le péché premier ou originel dans le monde, car le péché est en fin de compte un refus d'aimer.

C'est le refus de l'homme d'aimer le mieux qui a créé le problème le plus difficile de toute l'histoire de l'humanité, à savoir le problème de restaurer l'homme dans la faveur de l'Amour Divin. En bref, le problème était le suivant : l'homme avait péché, mais son péché n'était pas simplement une rébellion contre un autre homme, mais une révolte contre l'Amour Infini de Dieu. Par conséquent, son péché était infini.

Tel est l'un des aspects du problème. L'autre côté est le suivant : chaque infraction ou violation d'une loi exige réparation ou expiation. Puisque Dieu est l'Amour Infini, Il pourrait pardonner à l'homme et oublier l'injure, mais le pardon sans compensation éclipserait la Justice, qui est la nature de Dieu. Sans mettre de limites à la miséricorde de Dieu, on pourrait mieux comprendre son action si sa miséricorde était précédée d'une satisfaction pour le péché, car on ne peut jamais être miséricordieux s'il n'est pas juste. La miséricorde est le débordement de la justice.

Mais en supposant que l'homme donne satisfaction, pourrait-il satisfaire convenablement pour son péché ? Non, parce que la satisfaction, la réparation ou l'expiation que l'homme avait à offrir n'était que limitée.

L'homme, qui est fini, a une dette infinie. Mais comment un homme qui doit un million peut-il payer la dette avec un centime ? Comment l'homme peut-il expier le Divin ? Comment la Justice et la Miséricorde peuvent-elles être réconciliées ? Si l'on veut jamais donner satisfaction à la chute de l'homme, le fini et l'infini, l'humain et le divin, Dieu et l'homme, doivent être liés d'une manière ou d'une autre. Il ne conviendrait pas à Dieu seul de descendre et de souffrir comme Dieu seul; car alors, Il n'aurait rien de commun avec l'homme; le péché n'était pas celui de Dieu, mais celui de l'homme. Il ne suffirait pas à l'homme seul de souffrir ou d'expier, car le mérite de ses souffrances ne serait que limité. Pour que la satisfaction soit complète, deux conditions devraient être remplies : l'homme devrait être homme pour agir en tant qu'homme et pour expier; Il faudrait que l'homme soit Dieu pour que ses souffrances aient une valeur infinie. Mais pour que le fini et l'infini n'agissent pas comme deux personnalités distinctes, et pour que le mérite infini résulte de la souffrance de l'homme, il faudrait que Dieu et l'homme ne fassent qu'un, ou, en d'autres termes, qu'il y ait un Dieu-homme. Si la Justice et la Miséricorde devaient être réconciliées, il faudrait qu'il y ait une Incarnation, c'est-à-dire que Dieu assume une nature humaine de telle sorte qu'Il soit vrai Dieu et vrai homme. Il devrait y avoir une union de Dieu et de l'homme, et cette union a eu lieu lors de la naissance de notre Seigneur et Sauveur, Jésus-Christ.

L'amour tend à devenir comme celui que l'on aime; En fait, il souhaite même ne faire qu'un avec celui que l'on aime. Dieu a aimé l'homme indigne. Il a voulu devenir un avec lui, et c'était l'Incarnation. Une nuit, un cri, un doux cri s'est répandu dans le calme d'une brise du soir, sur les collines de craie blanche de Bethléem. La mer n'entendit pas ce cri, car la mer était remplie de sa propre voix. La terre n'entendit pas le cri, car la terre dormait. Les grands hommes de la terre n'entendirent pas le cri, car ils ne comprenaient pas comment un enfant pouvait être plus grand qu'un homme. Les rois de la terre n'entendirent pas le cri, car ils ne pouvaient pas comprendre comment un roi pouvait naître dans une étable. Il n'y avait que deux classes d'hommes qui ont entendu le cri cette nuit-là : les bergers et les mages. Les bergers : ceux qui savent qu'ils ne savent rien. Rois mages : ceux qui savent qu'ils ne savent pas tout. Des bergers : de pauvres hommes simples qui ne savaient que garder leurs troupeaux, qui ne pouvaient peut-être pas dire qui était le gouverneur de Judée; qui, peut-être, ne savait pas une seule ligne de Virgile, bien qu'il n'y ait pas un Romain qui ne puisse le citer. D'autre part, il y avait les Rois Mages; non pas des rois, mais des docteurs de rois; des hommes qui savaient lire les étoiles, raconter l'histoire de leurs mouvements; des hommes qui étaient constamment concentrés sur la découverte. Tous deux entendirent le cri. Les bergers ont trouvé leur berger; les Rois Mages ont découvert la Sagesse.

Et le Berger et la Sagesse était un Bébé dans une crèche.

Celui qui est né sans mère au ciel est né sans père sur la terre. Celui qui a fait sa mère est né de sa mère. Celui qui a fait toute chair est né de chair. « C'est là que couve l'oiseau qui a construit le nid. » Créateur du soleil, sous le soleil; Mouleur de la terre, sur la terre; Ineffably Wise, un petit enfant; remplissant le monde, allongé dans une mangeoire; gouvernant les étoiles, allaitant un sein; l'allégresse du Ciel pleure, Dieu se fait homme; Créateur, une créature. Le riche devient pauvre; La divinité, incarnée ; La majesté, subjuguée; La liberté, captive; L'éternité, le temps; Maître, un serviteur; La vérité, accusé; Juge, jugé; La justice, condamnée; Seigneur, flagellé; Puissance, liée avec des cordes; Roi, couronné d'épines; Le salut, blessé; La vie, morte. « Le Verbe éternel est muet. » Merveille des merveilles ! Union des syndicats ! Trois unions mystérieuses en une; Divinité et humanité; Virginité et fécondité; La foi et le cœur de l'homme.

Il faut un Divin, un Être Infini pour utiliser les instruments mêmes de la défaite comme les instruments de la victoire. La chute est venue à travers trois réalités : D'abord, un homme désobéissant : Adam. Deuxièmement, une femme fière : Eve. Troisièmement, un arbre. La réconciliation et la rédemption de l'homme sont venues à travers ces trois mêmes. Car l'homme désobéissant, Adam, était le nouvel Adam obéissant de la race humaine, le Christ; pour l'orgueilleuse Ève, il y avait l'humble Marie; et pour l'arbre, la Croix.

Notre Seigneur n'a pas marché sur la terre pour toujours, racontant aux gens des platitudes sur la vérité. Il n'expliquait pas seulement la vérité, la défaite, la résignation et le sacrifice. Tout le monde l'a fait. Le but qu'il cherchait était la mort. Du début à la fin, une seule vision était devant Ses yeux : Il allait mourir. Non pas mourir parce qu'Il n'a pas pu s'en empêcher, mais mourir parce qu'Il l'a voulu. La mort n'était pas un incident dans sa carrière; ce n'était pas un accident dans Son plan – c'était la seule affaire qu'Il devait faire. Tout au long de sa vie rédemptrice, il a attendu avec impatience sa mort rédemptrice. Il a anticipé son effusion de sang sur le Calvaire par sa circoncision à l'âge de huit jours. Au début de son ministère public, sa présence a inspiré Jean à crier à ses disciples au Jourdain : « Voici l'Agneau de Dieu » (Jean 1:29). Il a répondu à la confession de sa divinité par Pierre à Césarée de Philippe qu'il « doit souffrir beaucoup de la part des anciens, des scribes et des principaux sacrificateurs, et être mis à mort, et ressusciter le troisième jour » (Matthieu 16:21); les jours lourds de plomb le faisaient crier avec une belle impatience : « J'ai un baptême dont je dois être baptisé; et combien je suis affligé jusqu'à ce qu'il soit accompli ! (Luc 12:50). Au membre du sanhédrin qui chercherait un signe, il a annoncé sa mort sur la croix. Il répondit : « Et comme Moïse a élevé le serpent dans le désert, de même le Fils de l'homme doit être élevé, afin que ceux qui croient en lui ne périssent point, mais qu'ils aient la vie éternelle » (Jean 3:14-15). Aux pharisiens, qui étaient comme des brebis sans berger, il parla : « Je suis le bon berger. Le bon pasteur donne sa vie pour ses brebis... et je donne ma vie pour mes brebis... Personne ne me l'enlève, mais je le donne de moi-même. J'ai le pouvoir de le déposer, et j'ai le pouvoir de le reprendre. Tel est le commandement que j'ai reçu de mon Père » (Jean 10:11, 16, 18). À tous les hommes de tous les temps qui oublient qu'il est venu comme notre Rédempteur et notre Sauveur, il prononce les paroles les plus tendres qui aient jamais été prises sur cette terre pécheresse : « Car Dieu a tant aimé le monde qu'il a donné son Fils unique, afin que ceux qui croient en lui ne périssent point, mais qu'ils aient la vie éternelle. Car Dieu n'a pas envoyé son Fils dans le monde pour juger le monde, mais pour que le monde soit sauvé par lui » (Jean 3:16-17).

Le repentir et la confession
de David après son péché

Aie pitié de moi, ô Dieu, selon ta grande miséricorde. Et selon la multitude de tes tendres miséricordes, efface mon iniquité. Lave-moi encore plus de mon iniquité et purifie-moi de mon péché. Car je connais mon iniquité, et mon péché est toujours devant moi. C'est seulement c'est à toi que j'ai péché et que j'ai fait ce qui est mal devant toi, afin que tu sois justifié dans tes paroles et que tu sois vaincu quand tu seras jugé. Car voici, j'ai été conçu dans les iniquités, et c'est dans les péchés que ma mère m'a conçu. Car voici, tu as aimé la vérité, tu m'as manifesté les choses incertaines et cachées de ta sagesse. Tu me feras l'aspersion d'hysope, et je serai purifié, mais tu me laveras, et je serai rendu plus blanc que la neige. À mes oreilles, tu donneras de la joie et de l'allégresse, et les os qui ont été humiliés se réjouiront. Détourne ta face de mes péchés et efface toutes mes iniquités. Crée en moi un cœur pur, ô Dieu, et renouvelle un esprit droit dans mes entrailles. Ne me rejette pas de ta face et ne m'enlève pas ton esprit saint. Rends-moi la joie de ton salut et fortifie-moi d'un esprit parfait. J'enseignerai tes voies aux injustes, et les méchants se convertiront à toi. Délivre-moi du sang, ô Dieu, Dieu de mon salut, et ma langue exaltera ta justice. Seigneur, tu ouvriras mes lèvres, et ma bouche proclamera ta louange. Car si tu avais voulu le sacrifice, je l'aurais vraiment donné : avec des holocaustes, tu ne te réjouiras point. Le sacrifice à Dieu, c'est l'esprit affligé : le cœur contrit et humilié, ô Dieu, tu ne le mépriseras pas. Agissez favorablement, Seigneur, dans votre bonne volonté avec Sion; afin que les murs de Jérusalem soient édifiés. Alors tu accepteras le sacrifice de justice, les oblations et les holocaustes entiers, et alors ils déposeront des veaux sur ton autel » (Psaumes 50:3-21).

Prière de saint Augustin

(Extrait de The Raccolta)

« Seigneur Jésus, puissé-je me connaître moi-même et te connaître. Et ne désire rien d'autre que Toi. Puissé-je me haïr et t'aimer. Puissé-je tout faire pour toi. Puissé-je m'humilier et t'exgloire. Puissé-je ne penser à rien d'autre qu'à Toi. Puissé-je mourir à moi-même et vivre en toi. Puissé-je recevoir de toi tout ce qui arrive. Puissé-je me bannir moi-même et te suivre. Et désirent toujours te suivre. Puissé-je m'éloigner de moi-même et voler vers toi, afin que je puisse mériter d'être défendu par toi. Puissé-je craindre pour moi-même et te craindre et être parmi ceux qui sont choisis par toi. Puissé-je me défier de moi-même et avoir confiance en Toi. Puissé-je être disposé à obéir à cause de toi. Puissé-je ne m'accrocher qu'à toi. Puissé-je être pauvre pour toi. Regarde-moi afin que je t'aime. Appelle-moi afin que je te voie et que je jouisse toujours et toujours de toi. Amen.

DEUXIÈME MÉDITATION

COMMENT LE CHRIST VIT
EN NOUS AUJOURD'HUI

Combien souvent, nous entendons des âmes se plaindre d'être si éloignées de la Galilée et si éloignées de Jésus. Le monde est plein d'hommes et de femmes qui pensent à Notre Seigneur uniquement et uniquement en termes de ce que leurs yeux peuvent voir, de ce que leurs oreilles peuvent entendre et de ce que leurs mains peuvent toucher. Combien y en a-t-il qui, partant de la vérité qu'Il était un grand Instructeur d'une influence dominante qui a marché sur la terre il y a 2 000 ans, rassemblent les détails du paysage de la région des lacs et des collines de Galilée, et utilisent mieux leur imagination pour dépeindre les circonstances exactes de Sa vie terrestre; mais ici s'arrête l'appréciation de sa vie. Ils ont appris à le considérer habituellement comme quelqu'un qui appartient à l'histoire humaine, comme César, Washington ou Mahomet; ils pensent qu'il est celui qui a vécu sur terre et qui est décédé. Mais là où il est, quelle est sa nature, s'il peut agir sur nous maintenant, s'il peut nous entendre, être approché par nous, ce sont des pensées qui sont rejetées avec mépris comme appartenant à la catégorie des abstractions théologiques et des dogmes insensés. Ces mêmes âmes peuvent suivre son exemple dans tel ou tel cas, appliquer ses Béatitudes à telle ou telle circonstance de leur vie, considérer sa vie comme un grand sacrifice et une grande inspiration; mais au-delà de cela, le Christ ne signifie rien pour eux. Il est le plus grand homme qui ait jamais vécu, mais Il n'est rien de plus. Ils sont en effet de ceux dont saint Paul a dit qu'ils ne connaissent le Christ que selon la chair.

Il faut admettre que la présence sensible et visible continue de notre Sauveur aurait été une inspiration continue dans nos vies, mais nous ne devons pas oublier qu'il a lui-même dit la veille de sa mort : « Il est utile pour vous que je m'en aille » (Jean 16:7). Drôles de mots, ceux-là. Pourquoi les prononcerait-on à un moment où il avait sevré le cœur de ses apôtres de leurs filets, de leurs barques et de leurs tables coutumières, et où il les avait si étroitement enlacés autour de son propre Sacré-Cœur ? Comment pourrait-il être opportun pour eux qu'Il y aille ? Il était opportun qu'il y aille afin d'être plus près de nous. C'est précisément la raison qu'il a donnée pour son départ : « Car si je n'y vais pas, l'avocat ne viendra pas à vous; mais si je m'en vais, je vous l'enverrai... encore un peu de temps, et vous ne me verrez plus; et encore un peu de temps, et vous me verrez parce que je vais vers le Père... Je te reverrai, et ton cœur se réjouira; et personne ne t'ôtera ta joie » (Jean 16:7-8, 16, 22).

Dans ces paroles solennelles prononcées la veille de sa crucifixion, il a explicitement déclaré qu'il retournait aux profondeurs illimitées de la vie de son Père d'où il venait, mais que son départ ne les laisserait pas orphelins, car il reviendrait d'une manière nouvelle; c'est-à-dire, par son Esprit. Notre Seigneur disait ici de manière équivalente que s'Il était resté sur terre dans Sa vie physique, Il n'aurait été qu'un exemple à copier; mais s'il allait vers Son Père et envoyait Son Esprit, alors Il serait une vie à vivre. S'il était resté sur la terre, il aurait toujours été en dehors de nous, en dehors de nous; une Voix extérieure, une Vie extérieure, un Exemple éternel – Il ne pourrait jamais être possédé autrement que par une étreinte.

Mais une fois qu'Il est monté au ciel et qu'Il s'est assis à la droite du Père dans la Gloire qui est la Sienne, alors Il a pu envoyer Son Esprit dans nos âmes, afin qu'Il soit avec nous non pas comme une Personne extérieure, mais comme une Âme vivante; alors Il ne serait pas seulement quelque chose de mécanique à copier, mais quelque chose de vital à reproduire, non pas quelque chose d'extérieur à dépeindre dans nos vies, mais quelque chose de vivant à développer en nous. Son ascension au ciel et l'envoi de son Esprit lui permettent seuls de s'unir entièrement à nous, de prendre sa demeure avec nous, corps et sang, âme et divinité, et d'être dans le sens le plus strict de l'expression « Christ en nous ». Il était donc opportun qu'Il y aille. Sinon, il aurait appartenu à l'histoire et à un pays. Maintenant, Il appartient aux hommes.

Grâce à son Esprit invisible, qu'il envoie dans son Corps mystique, le Christ vit maintenant sur la terre aussi réellement et véritablement qu'il vivait en Galilée il y a vingt siècles. Dans un certain sens, Il est plus proche de nous maintenant qu'alors, car Son corps même l'a alors fait extérieur à nous, mais grâce à Son Esprit, Il peut maintenant vivre en nous comme l'Âme même de notre âme, l'Esprit même de notre esprit, la Vérité de notre esprit, l'Amour de notre cœur, et le désir de notre volonté. Ainsi, la vie du Christ est transférée par l'Esprit du domaine des études purement historiques, que nous étudions avec notre raison, au domaine de l'expérience spirituelle, où il parle directement à notre âme. C'était peut-être une grande consolation pour la femme cananéenne d'avoir touché le bord de son vêtement, pour Madeleine d'avoir baisé ses pieds, pour Jean de s'être appuyé sur sa poitrine la nuit de la dernière Cène, mais toutes ces intimités sont extérieures. Ils ont une grande force et un grand attrait parce qu'ils sont sensibles, mais aucun d'eux ne peut se rapprocher, même vaguement, de l'union, de l'intimité qui vient de la possession intérieure du Christ, grâce à son Esprit Saint. Les plus grandes joies de la vie sont celles qui viennent de l'unité. Nous n'atteignons jamais le sommet de l'unité tant qu'il n'y a pas une fusion d'amours, de pensées et de désirs, une unité si profonde que nous pensons avec celui que nous aimons, aimons avec celui que nous aimons, désirons ce qu'il désire; et cette unité se trouve dans sa perfection lorsque l'âme est unie à l'Esprit du Christ qui est l'Esprit de Dieu. Les joies qui naissent des amitiés humaines, même les plus nobles, ne sont que les ombres et les reflets affectueux de la joie d'une âme possédée de l'Esprit du Christ. Élevez le bonheur humain, qui vient de l'union avec celui que l'on aime, jusqu'au point extrême que le cœur peut supporter, et même cela n'est qu'une étincelle comparée à la Grande Flamme de l'Esprit du Christ brûlant dans une âme qui L'aime.

Qu'est-ce que précisément cette vie du Christ dans l'âme baptisée ? C'est la grâce, un don surnaturel qui nous a été accordé par les mérites de Jésus-Christ pour notre salut.

Tout l'ordre de la création nous offre une analogie avec la qualité de don de la grâce. Si une pierre, disons le rocher de Gibraltar, devait soudainement s'épanouir, ce serait quelque chose qui transcenderait sa nature. Si une rose devenait un jour consciente, et qu'elle voyait, sentait et touchait, ce serait un acte supranaturel – un acte totalement indû à la nature de la rose en tant que telle. Si un animal se lançait dans un processus de raisonnement et prononçait des paroles de sagesse, ce serait un acte supranaturel, car il n'est pas dans la nature d'un animal d'être rationnel. De même, mais d'une manière beaucoup plus rigoureuse, si l'homme, qui par nature est une créature de Dieu, devient un enfant de Dieu, un membre de la famille de la Trinité et un frère de Jésus-Christ, c'est un acte surnaturel pour l'homme, et un don qui surpasse toutes les exigences et les puissances de sa nature. Plus encore que la floraison, elle surpasse la nature et les pouvoirs du marbre.

La grâce fait de l'homme une « créature nouvelle », infiniment supérieure à sa condition antérieure, plus que ne le serait un animal s'il parlait avec la sagesse de Socrate. Il n'y a rien dans toute la création comme ce don par lequel Dieu appelle l'homme fils, et l'homme appelle Dieu « Père ». La différence entre la simple vie humaine et la vie humaine rendue déiforme par la grâce n'est pas une différence de développement, mais de génération. La source de la vie dans les deux cas est aussi différente que la paternité humaine et divine. La distance, qui sépare certains minéraux du règne végétal, n'est peut-être que d'un cheveu, mais la distance qui sépare la vie humaine de la vie divine est infinie. « Personne ne peut passer de là. »

Le monde, aux yeux de Dieu, est divisé en deux classes, les fils des hommes et les fils de Dieu. Tous sont appelés à être fils de Dieu, mais tous n'acceptent pas dignement le don, croyant que s'ils prenaient Christ comme leur part, ils n'auraient rien d'autre à faire. C'est oublier que le tout contient les parties et que dans la Vie Parfaite, nous avons les joies de la vie finie à un degré infini. Les deux types de fils naissent, l'un selon la chair, l'autre selon l'esprit. « Ce qui est né de la chair est chair; et ce qui est né de l'Esprit est esprit" (Jn 3, 6). Le fait de naître de la chair nous incorpore dans la vie d'Adam; le fait de naître de l'esprit – des eaux de l'Esprit Saint – nous incorpore dans la vie du Christ. Les fils de Dieu naissent deux fois; les fils des hommes une fois nés. Il y a plus de différence entre deux âmes sur cette terre, l'une en état de grâce et l'autre non dans cet état, qu'il n'y en a entre deux âmes, l'une en état de grâce dans cette vie et l'autre jouissant de la béatitude éternelle du Ciel. La raison en est que la grâce est le germe de la gloire, et qu'un jour elle fleurira dans la gloire, tout comme le gland deviendra un jour le chêne. Mais l'âme qui n'est pas possédée par la grâce n'a pas de telles puissances en elle. «Bien-aimés, dit saint Jean, maintenant nous sommes enfants de Dieu, et il n'est pas encore apparu ce que nous serons. Nous savons que, lorsqu'il apparaîtra, nous serons semblables à lui, car nous le verrons tel qu'il est » (1 Jean 3:2).

Les différents effets de la nature et de la grâce

Thomas à Kempis

Imitation du Christ, Livre III, Chapitre 54

« Mon fils, observe diligemment les mouvements de la nature et de la grâce; car ils se meuvent dans des directions très opposées, et très subtilement, et ne peuvent être distingués que par un homme spirituel et illuminé intérieurement.

Tous les hommes, en effet, visent le bien, et prétendent quelque chose de bien dans ce qu'ils font et disent : c'est pourquoi, sous l'apparence du bien, beaucoup sont trompés.

« La nature est rusée et en entraîne beaucoup; les prend au piège, les trompe, et se destine toujours à sa fin.

Mais la grâce marche avec simplicité, se détourne de toute apparence de mal, n'offre aucune tromperie et fait tout purement pour Dieu, en qui elle se repose aussi comme à sa fin dernière.

« La nature ne veut pas être mortifiée, ni être retenue, ni être vaincue, ni être soumise; elle ne sera pas non plus de son propre chef soumise à :

« Mais la grâce étudie la mortification de son propre moi, résiste à la sensualité, cherche à être soumise, désire être vaincue, ne vise pas à suivre sa propre liberté, aime à être maintenue sous discipline et désire n'avoir le commandement sur personne; mais sous Dieu, pour toujours vivre, se tenir debout et être; et, pour l'amour de Dieu, elle est toujours prête à se prosterner humblement sous toutes les créatures humaines.

« La nature travaille pour son propre intérêt, et pense au gain qu'elle peut tirer des autres :

Mais la grâce ne considère pas ce qui peut être avantageux et profitable pour elle-même, mais plutôt ce qui peut être profitable à beaucoup.

« La nature reçoit volontiers honneur et respect :

« Mais la grâce attribue fidèlement tout honneur et toute gloire à Dieu.

« La nature a peur d'être honteuse et méprisée :

« Mais la grâce est heureuse de souffrir l'opprobre pour le nom de Jésus.

"La nature aime l'oisiveté et le repos corporel :

« Mais la grâce ne peut pas être oisive et embrasse volontiers le travail.

« La nature cherche à avoir des choses curieuses et fines, et ne se soucie pas des choses bon marché et grossières :

Mais la grâce plaît à ce qui est simple et humble, ne rejette pas les choses grossières, ni ne refuse d'être vêtue de vieux vêtements.

La nature a égard aux choses temporelles, se réjouit des gains terrestres, s'inquiète des pertes et est provoquée à chaque parole légère et nuisible :

« Mais la grâce s'occupe des choses éternelles, et ne s'attache pas à celles qui passent avec le temps; Elle n'est pas non plus troublée par la perte des choses, ni exaspérée par des paroles dures, car elle met son trésor et sa joie au ciel, où rien ne se perd.

La nature est cupide, et elle est plus disposée à prendre qu'à donner, et elle aime avoir des choses pour elle.

Mais la grâce est généreuse et ouverte, elle évite l'égoïsme, elle se contente de peu et elle la juge plus heureuse à donner qu'à recevoir.

« La nature incline vers les créatures, vers sa propre chair, vers les vanités et vers l'extérieur :

Mais la grâce attire à Dieu et à la vertu, renonce aux créatures, fuit le monde, hait les désirs de la chair, retient l'errance et a honte de paraître en public.

« La nature reçoit volontiers un confort extérieur, dont elle peut se réjouir sensiblement :

Mais la grâce cherche à être consolée en Dieu seul, et au-delà de tout ce qui est visible, à se réjouir dans le Souverain Bien.

« La nature fait tout pour son propre gain et son propre intérêt; Elle ne peut rien faire gratuitement, mais elle espère obtenir quelque chose d'égal ou de mieux, ou de louange, ou de faveur pour ses bonnes actions, et désire que ses actions et ses dons soient très appréciés :

Mais la grâce ne cherche rien de temporel, ni n'exige d'autre récompense que Dieu seul pour sa récompense, ni ne désire rien de plus des nécessités de cette vie qui puissent être utiles pour l'obtention d'une éternité heureuse.

« La nature se réjouit d'une multitude d'amis et de parents; elle se glorifie de la noblesse de sa souche et de sa descendance; Elle flatte ceux qui sont au pouvoir, flatte les riches et applaudit ceux qui sont comme elle :

« Mais la grâce aime même ses ennemis, et ne s'enorgueillit pas d'avoir beaucoup d'amis, ni n'a aucune valeur pour la famille ou la naissance, à moins que, jointe à une plus grande vertu, elle ne favorise plutôt les pauvres que les riches; elle a plus de compassion pour les innocents que pour les puissants; elle se réjouit avec celui qui aime la vérité, et non avec les trompeurs; elle exhorte toujours les bons à être zélés pour de meilleurs dons, et à devenir semblables au Fils de Dieu par l'exercice des vertus.

« La nature se plaint facilement du besoin et de l'ennui :

« Mais la grâce porte la pauvreté avec constance.

« La nature tourne toutes choses à elle-même, et pour elle-même, elle travaille et dispute :

« Mais la grâce rapporte toutes choses à Dieu, de qui tout procède originairement; Elle ne s'attribue aucun bien à elle-même, elle ne s'arroge pas non plus d'elle-même : elle ne conteste pas, elle ne préfère pas sa propre opinion à celle des autres, mais dans tous les sens et dans toutes les intelligences, elle se soumet à la sagesse éternelle et à l'examen divin.

« La nature convoite de connaître les secrets et d'entendre des nouvelles; est disposé à paraître à l'étranger, et à faire l'expérience de beaucoup de choses par les sens; désire qu'on se fasse remarquer et qu'on fasse des choses qui puissent procurer louange et admiration.

Mais la grâce ne se soucie pas de l'ouïe des nouvelles et des choses curieuses, parce que tout cela provient de l'ancienne corruption, puisque rien n'est nouveau ni durable sur la terre.

Elle enseigne donc à restreindre les sens, à éviter la vaine complaisance et l'ostentation, à cacher humblement les choses qui sont dignes de louange et d'admiration, et à chercher de tout, et dans toute connaissance, le fruit du profit spirituel, et la louange et l'honneur de Dieu.

« Elle ne veut pas qu'on lui vante ce qui lui appartient; mais il souhaite que Dieu soit béni dans ses dons, lui qui donne tout par le seul amour.

« Cette grâce est une lumière surnaturelle, et un don spécial certain de Dieu, et la marque appropriée des élus, et le gage du salut éternel, qui élève un homme des choses de la terre à l'amour des choses célestes, et, s'il est charnel, le rend spirituel.

« C'est pourquoi, d'autant plus la nature est contenue et soumise, plus la grâce est infusée en abondance, et l'homme intérieur, par de nouvelles visites, est chaque jour plus réformé à l'image de Dieu. »

TROISIÈME MÉDITATION

COMMENT CETTE VIE DIVINE EST PERDUE ET NOTRE FIN FINALE

Le pèche est la mort de la vie du Christ dans notre âme. Notre conscience est la salle d'audience de Pilate. Chaque jour et chaque heure, Barabbas et le Christ nous sont présentés. Barabbas vient sous forme de vice, de meurtre, de blasphème – le Christ vient sous forme de vertu, d'amour et de pureté. Lequel des deux doit être libéré ?

Si nous mourons dans l'état de péché, nous serons jugés comme pécheurs. Qu'est-ce que le jugement ? Le jugement peut être considéré à la fois du point de vue de Dieu et de notre point de vue.

Du point de vue de Dieu, le jugement est une reconnaissance. Deux âmes apparaissent devant la vue de Dieu dans cette fraction de seconde après la mort. L'un est en état de grâce; l'autre ne l'est pas. Le

Juge regarde dans l'âme en état de grâce. Il y voit une ressemblance avec sa nature, car la grâce est une participation à la nature divine. De même qu'une mère connaît son enfant à cause de la ressemblance de la nature, de même, Dieu connaît ses propres enfants par la ressemblance de la nature. S'ils sont nés de Lui, Il le sait. Voyant dans cette âme, sa ressemblance, le Souverain Juge, Notre Seigneur et Sauveur Jésus-Christ dit en effet : « Venez, vous qui êtes bénis de mon Père. Je vous ai enseigné à prier : « Notre Père ». Je suis le Fils naturel; vous, le fils adoptif. Entrez dans le Royaume que je vous ai préparé de toute éternité.

L'autre âme, qui ne possède pas les traits de famille et la ressemblance de la Trinité, reçoit un accueil entièrement différent de celui du Juge. De même qu'une mère sait que le fils de son prochain n'est pas le sien, parce qu'il n'y a pas de participation dans la nature, de même, Jésus-Christ, voyant dans l'âme pécheresse aucune participation de sa nature, ne peut que dire ces paroles qui signifient la non-reconnaissance : « Je ne te connais pas »; et c'est une chose terrible de ne pas être connu de Dieu !

Tel est le jugement du point de vue divin. Du point de vue humain, c'est aussi une reconnaissance, mais une reconnaissance d'inaptitude ou d'aptitude. Un visiteur très distingué est annoncé à la porte, mais je suis en tenue de travail, j'ai les mains et le visage sales. Je ne suis pas en état de me présenter devant un personnage aussi auguste, et je refuse de le voir jusqu'à ce que je puisse améliorer mon apparence. Une âme souillée par le péché agit à peu près de la même manière lorsqu'elle se présente devant le tribunal de Dieu. Il voit, d'une part, Sa Majesté, Sa pureté, Son éclat, et d'autre part sa propre bassesse, son péché et son indignité. Il n'implore pas et n'argumente pas, il ne plaide pas une cause – il voit; et c'est des profondeurs que vient son propre jugement : « Oh, Seigneur, je ne suis pas digne. » L'âme qui est souillée de péchés véniels se jette au purgatoire pour laver ses vêtements baptismaux, mais l'âme irrémédiablement souillée – l'âme morte à la Vie divine – se jette dans l'Enfer tout aussi naturellement qu'une pierre, qui se dégage de ma main, tombe à terre.

Mais y a-t-il un enfer ? Le monde moderne n'y croit plus. Il est vrai que beaucoup de nos prophètes actuels nient l'enfer, et cela nous amène à nous demander la raison de ce déni. La raison est probablement psychologique. Il y a deux orientations possibles pour un homme. Ou il doit adapter sa vie aux dogmes, ou il doit adapter les dogmes à sa vie. « Si nous ne vivons pas comme nous pensons, nous commençons bientôt à penser comme nous vivons. » Si notre vie n'est pas réglée conformément à l'Évangile, alors la pensée de l'enfer est une sorte de pensée très inconfortable. Pour soulager ma conscience, je dois le nier. Il faut que j'adapte un dogme à mon mode de vie. Et l'expérience le confirme. Certains croient en l'enfer, le craignent, le haïssent et évitent le péché. D'autres aiment le péché, nient l'enfer, mais le craignent toujours.

Mais si telle est la raison de son démenti, ces mêmes prophètes demanderont : comment savez-vous qu'il y a un enfer ? Très clairement, parce que

Jésus-Christ a dit qu'il y en avait une. Soit il y a un enfer, soit la vérité infinie est un menteur. Je ne peux pas accepter la deuxième proposition, donc je dois accepter la première.

Le Ciel et l'Enfer ne sont pas de simples réflexions après coup dans le Plan Divin réel. Dieu n'a pas, par un second acte de Sa Volonté et de Sa Toute-Puissance, créé le Ciel et l'Enfer pour récompenser et punir ceux qui obéissent ou désobéissent à Sa Loi Divine. Il ne s'agit pas de décrets arbitraires; de simples choses pour rafistoler un plan original perturbé par le péché. Aucune loi ne peut exister sans sanction. S'il n'y avait pas d'enfer dans l'ordre actuel du salut, quelle en serait la conséquence ? Cela signifierait que, quel que soit le mal que nous fassions, et peu importe combien de temps nous l'avons fait, et la haine avec laquelle nous l'avons fait, Dieu serait toujours indifférent à nos actes moraux, ce qui serait une autre façon de dire que la Loi est indifférente à l'iniquité.

Toutes nos idées fausses sur le Ciel et l'Enfer sont fondées sur notre incapacité à voir comment elles sont nécessairement liées à nos actes dans l'ordre moral. Il y en a beaucoup qui ne considèrent le Ciel que comme une récompense arbitraire pour une bonne vie, une sorte de signe de reconnaissance de notre victoire, comme une coupe d'amour en argent est décernée au vainqueur d'une course. Telle n'est pas toute la vérité. Le ciel n'est pas lié à une bonne vie chrétienne de la même manière qu'une coupe d'argent est liée à la victoire d'une course, car la coupe d'argent peut ou non suivre la victoire; Ce n'est pas quelque chose d'inséparablement lié à elle – quelque chose d'autre pourrait être donné ou peut-être rien du tout. Au contraire, le ciel est lié à une vie chrétienne comme l'apprentissage est lié à l'étude; C'est pourquoi les théologiens appellent la grâce la « semence de gloire ». Si j'étudie, j'acquiers la connaissance par l'acte même; Les deux sont inséparables, l'un étant le fruit de l'autre. Et à ce propos, il est bon de se rappeler que le Ciel, dans la constitution actuelle du monde de Dieu, n'est pas simplement une récompense, c'est dans un certain sens, un « droit », le droit des héritiers – car nous sommes héritiers du Royaume des Cieux en vertu du don de l'Adoption divine dans la filiation de Dieu par un Père céleste.

L'enfer, lui aussi, est souvent expliqué trop exclusivement en termes d'arbitraire. Elle est présentée comme une sorte de punition totalement étrangère à une vie de péché et à l'abandon du don de Dieu. L'enfer n'est pas lié à une vie mauvaise comme une fessée est liée à un acte de désobéissance, car une telle punition ne doit pas nécessairement suivre l'acte. Au contraire, l'enfer est lié à une vie mauvaise exactement de la même manière que la cécité est liée à l'arrachage d'un œil. Si je perds l'œil, je suis nécessairement aveugle, et si je me rebelle contre Dieu, refuse son pardon et meurs dans le péché, je dois subir l'enfer en conséquence. Il y a équité dans la loi humaine, et il y a équité dans la loi divine. Un péché implique d'abord de se détourner de Dieu, ensuite, de se tourner vers les créatures. À cause du premier élément, le pécheur souffre de la douleur de la perte ou de la privation de la vision béatifique. En raison du fait qu'il se tourne vers les créatures, le pécheur souffre la Douleur des Sens, qui est une punition par les choses créées pour l'abus des choses créées, et cela est communément appelé « feu de l'enfer ». La différence entre la douleur de la perte et la douleur des sens consiste en ce que la première est causée par l'absence de quelque chose, la seconde par la présence de quelque chose. Des deux douleurs, la première est la plus terrible, car c'est la frustration finale et incessante du désir d'un être immortel; c'est l'absence du but de la vie; c'est d'avoir échoué si complètement que de ne plus jamais admettre un autre départ; c'est vouloir Dieu et pourtant se haïr soi-même parce qu'on le veut; c'est demander de ne jamais recevoir, chercher à ne jamais trouver, frapper à une porte éternellement fermée; c'est avant tout un vide créé par l'absence de la Vie, de la Vérité et de l'Amour que l'âme désire éternellement. Avec quelle ardeur les âmes aspirent à la vie; Avec quelle ténacité ils s'accrochent même à une paille pour éviter la noyade ! Comme ils désirent prolonger la vie jusqu'à l'éternité ! Que doit-il être alors de manquer, non pas une longue vie humaine, mais la Vie même de tous les Vivants ! C'est une sorte de mort vivante, comme le réveil dans un sépulcre. La vérité, elle aussi, est le désir des âmes. La connaissance est une passion, et la privation humaine de celle-ci est une douleur, comme nous l'avons si fortement rappelé lorsque nous sommes privés de la connaissance d'un secret que les autres partagent. Que doit-il être alors d'être privé non pas d'une vérité terrestre, non pas de quelque chose que nous pourrions apprendre plus tard, mais de la Vérité en dehors de laquelle il n'y a ni vérité, ni connaissance, ni sagesse du tout ? Ce serait pire que la vie terrestre sans soleil ni lune, une sorte d'obscurité caverneuse dans laquelle on se déplace en sachant que l'on aurait pu connaître la lumière de la vérité mais que l'on ne l'aurait pas fait. Enfin, combien une vie terrestre serait ennuyeuse sans l'affection et l'amour des parents, des frères, des sœurs et des amis ! Comme nos cœurs seraient lourds si tous les autres cœurs se transformaient en pierre ! Alors, que doit être d'être privé d'Amour sans lequel il n'y a pas d'amour

? C'est se faire voler son cœur et être encore capable de vivre sans lui.

Le ciel et l'enfer sont les résultats naturels et inséparables des actes, bons et mauvais, dans l'ordre surnaturel. Cette vie est le printemps; Le jugement est la moisson. « Car ce que l'homme sèmera, il le moissonnera aussi. Car celui qui sème dans sa chair, de la chair aussi moissonnera la corruption. Mais celui qui sème dans l'esprit moissonnera la vie éternelle.

Pourquoi les âmes vont-elles en enfer ? En dernière analyse, les âmes vont en enfer pour une grande raison, c'est qu'elles refusent d'aimer. L'amour pardonne tout, sauf une chose : le refus d'aimer. Un jeune homme aime une jeune fille. Il lui fait connaître son affection, la comble de cadeaux, lui accorde plus que la part ordinaire des courtoisies de la vie, mais son amour est repoussé. Le gardant pur, il le poursuit, mais en vain; Elle fait la sourde oreille à sa cour. L'amour, si longtemps nié et mis de côté, arrive soudain à un point où il s'écrie : « D'accord, l'amour n'en peut plus, j'en ai fini maintenant; Nous sommes finis. Il a atteint le point d'abandon.

Dieu est l'Amant divin. En tant que chien du ciel, il est continuellement à la poursuite des âmes. Dans le lointain de l'intemporalité de l'éternité, Il nous a aimés d'un Amour Éternel. Quand le temps commence pour une âme individuelle, Il lui donne les richesses de la nature, l'appelle fils adoptif, la nourrit de Sa propre substance et en fait un héritier du Ciel. Mais cette âme peut bientôt oublier une telle bonté, et pourtant Dieu n'oublie pas d'aimer. Il poursuit l'âme, fait pénétrer en elle le mécontentement pour la ramener à lui, lui coupe à dessein le chemin pour manifester sa présence, lui envoie ses ambassadeurs, lui prodigue des grâces médicinales; et pourtant, l'Amour Divin est méprisé. Finalement rejeté plus de soixante-dix fois sept, l'Amour divin abandonne la poursuite d'une telle âme qui se détourne de Lui au terme de son bail de vie et s'écrie : « Tout est accompli. L'amour ne peut pas faire plus. Et c'est une chose terrible de ne pas être aimé, et surtout de ne pas être aimé par l'Amour. C'est l'enfer. L'enfer est un endroit où il n'y a pas d'amour.

Sur la considération de sa mort

Thomas à Kempis

Imitation du Christ, Livre 1, Chapitre 23

« Très vite, votre vie ici va se terminer; Considérez alors ce qui peut vous être réservé ailleurs.

« Un homme est ici aujourd'hui, et demain il disparaît. Et lorsqu'il est enlevé à la vue, il est rapidement hors de l'esprit aussi.

« Ah ! l'engourdissement et la dureté du cœur de l'homme, qui ne pense qu'à ce qui est présent et n'attend pas avec impatience les choses à venir.

« C'est pourquoi, dans toutes vos actions et dans toutes vos pensées, agissez comme si vous deviez mourir aujourd'hui même. Si vous aviez une bonne conscience, vous n'auriez pas beaucoup peur de la mort.

« Il vaudrait mieux pour vous éviter le péché que d'avoir peur de la mort.

« Si vous n'êtes pas prêt aujourd'hui, comment le serez-vous demain ?

« Demain est un jour incertain; Et comment savez-vous que vous serez en vie demain ?

« Quel avantage y a-t-il à vivre longtemps, alors que nous avançons si peu ?

— Ah ! Une longue vie ne nous rend pas toujours meilleurs, mais ajoute souvent à notre culpabilité.

« Plût à Dieu que nous nous fussions bien conduits dans ce monde, ne serait-ce qu'un jour !

« Beaucoup comptent les années de leur conversion, mais souvent le fruit de l'amendement est petit. » S'il est affreux de mourir, peut-être sera-t-il plus dangereux de vivre plus longtemps.

« Heureux celui qui a toujours l'heure de sa mort devant les yeux, et qui se dispose chaque jour à mourir.

« Si vous avez déjà vu un homme mourir, souvenez-vous que vous aussi devez passer par le même chemin. » Le matin, imaginez que vous ne vivrez peut-être pas jusqu'à la nuit; et le soir venu, n'osez pas vous promettre le lendemain matin.

Soyez toujours prêts et vivez de telle manière que la mort ne vous trouve jamais sans ressources.

« Beaucoup meurent subitement, et quand ils y pensent peu : car le Fils de l'homme viendra à l'heure où on ne l'attend pas (Mt 24 : 44). Quand cette dernière heure viendra, alors vous commencerez à avoir des pensées tout à fait différentes de toute votre vie passée; et vous serez extrêmement affligé d'avoir été si négligent et si négligent.

« Qu'il est heureux et prudent celui qui s'efforce d'être tel maintenant dans cette vie, comme il désire être trouvé à sa mort.

Car cela donnera à l'homme une grande confiance dans sa capacité à mourir heureux s'il a un mépris parfait du monde, un désir fervent de progresser dans la vertu, l'amour de la discipline, l'esprit de pénitence, l'obéissance prompte, l'abnégation et la patience de supporter toutes les adversités pour l'amour du Christ.

« Vous pouvez faire beaucoup de bonnes choses quand vous êtes en bonne santé; mais quand vous serez malade, je ne sais pas ce que vous pourrez faire.

« Peu de gens sont améliorés par la maladie; Eux aussi, qui voyagent beaucoup à l'étranger, deviennent rarement saints.

« Ne te fie pas à tes amis et à tes parents, et ne remets pas à plus tard le soin de ton âme; car qui s'en souciera quand vous serez parti ?

« Il vaut mieux maintenant pourvoir à temps et envoyer quelque bien devant vous que de faire confiance à d'autres qui vous aideront après votre mort.

« Si vous ne vous souciez pas de votre propre bien-être maintenant, qui s'en souciera quand vous serez parti ?

« Le temps présent est très précieux. Voici, c'est maintenant le temps qui est favorable ; voici, c'est maintenant le jour du salut (2 Corinthiens 6:2).

Mais il est très regrettable que vous ne dépensiez pas ce temps plus profitablement, où vous pourriez acheter la vie éternelle d'une meilleure manière ! Le temps viendra où vous voudrez un jour ou une heure pour amender, et je ne sais si vous l'obtiendrez.

« Ô mes bien-aimés, du grand danger dont vous pouvez vous libérer; De quelle grande peur pourriez-vous être libéré, si seulement vous êtes maintenant toujours craintifs et attendant la mort !

« Efforcez-vous maintenant de vivre de telle sorte qu'à l'heure de votre mort, vous vous réjouissiez plutôt que vous craigniez.

« Apprenez maintenant à mépriser toutes choses, afin qu'alors vous commenciez à vivre avec Christ.

Apprenez maintenant à mourir au monde, afin qu'alors vous puissiez aller librement à Christ.

« Châtie maintenant ton corps par la pénitence, afin que tu aies alors une confiance assurée. » Ah, imbécile ! Pourquoi pensez-vous vivre longtemps, alors que vous n'êtes pas sûr d'un jour ?

« Combien d'entre eux, pensant vivre longtemps, ont été trompés et, à l'improviste, ont été enlevés.

« Combien de fois avez-vous entendu dire qu'un tel homme a été tué par l'épée; un autre s'est noyé; un autre, tombant d'en haut, se brisa le cou; Cet homme est mort à table ; que l'autre s'est éteint alors qu'il était en train de jouer ?

« Certains ont péri par le feu; les autres par l'épée; les autres par la peste; et d'autres par des voleurs.

Ainsi, la mort est la fin de tout, et la vie de l'homme passe soudain comme une ombre.

« Qui se souviendra de toi quand tu seras mort, et qui priera pour toi ?

« Fais maintenant, bien-aimés, fais maintenant tout ce que tu peux, car tu ne sais pas quand tu mourras, ni quel sera le sort après la mort.

« Amasse pour toi-même les richesses de l'immortalité pendant que tu en as le temps; ne pense qu'à ton salut; ne se soucier que des choses de Dieu.

« Fais-toi des amis maintenant, en honorant les saints de Dieu, en imitant leurs actions, afin que, lorsque tu quitteras cette vie, ils te reçoivent dans des demeures éternelles.

Gardez-vous comme un pèlerin et un étranger sur la terre, à qui les affaires de ce monde n'appartiennent pas le moins du monde.

« Gardez votre cœur libre et élevé vers Dieu, parce que vous n'avez pas ici une demeure durable.

« C'est à Lui que s'adressent vos prières quotidiennes, avec des soupirs et des larmes; qu'après la mort, votre esprit soit digne de passer heureux à Notre-Seigneur. Amen.

QUATRIÈME MÉDITATION
LE DEVOIR D'ABNÉGATION

L'abnégation de soi, d'une manière ou d'une autre, est impliqué, comme il est évident, dans la notion même de renouveau et de sainte obéissance. Changer notre cœur, c'est apprendre à aimer les choses que nous n'aimons pas naturellement – désapprendre l'amour de ce monde ; Mais cela implique, bien sûr, de contrecarrer nos désirs et nos goûts naturels. Être juste et obéissant implique la maîtrise de soi, mais pour posséder le pouvoir, nous devons l'avoir acquis ; et nous ne pouvons pas l'obtenir sans une lutte vigoureuse, une guerre persévérante contre nous-mêmes. La notion même d'être religieux implique l'abnégation de soi parce que, par nature, nous n'aimons pas la religion.

"... Il est de notre devoir, non seulement de renoncer à ce qui est péché, mais même dans une certaine mesure, dans les choses licites, de garder une retenue sur nous-mêmes, même dans les plaisirs et les jouissances innocentes.

"... Le jeûne est clairement un devoir chrétien, comme le sous-entend notre Sauveur dans son sermon sur la montagne. Or, qu'est-ce que jeûner, sinon en s'abstenant de ce qui est licite; non seulement de ce qui est péché, mais de ce qui est innocent ? – De ce pain que nous pourrions légitimement prendre et manger avec action de grâces, mais qu'à certains moments nous ne prenons pas, pour nous renier nous-mêmes. Comme l'abnégation chrétienne – non seulement une mortification de ce qui est péché, mais une abstinence même des bénédictions de Dieu.

Considérez encore la déclaration suivante de notre Sauveur : Il nous dit d'abord : 'Comme la porte est étroite et ferme le chemin qui mène à la vie ! Et il y en a peu qui le trouvent » (Matthieu 7:14). Et encore : « Efforcez-vous d'entrer par la porte étroite; car beaucoup, je vous le dis, chercheront à y entrer et ne le pourront pas » (Luc 13:24). Puis il nous explique en quoi consiste cette difficulté particulière de la vie d'un chrétien : « Si quelqu'un vient à moi et ne hait pas son père et sa mère, sa femme et ses enfants, ses frères et ses sœurs, et même sa propre vie, il ne peut pas être mon disciple » (Luc 14, 26). Or, tout ce qu'il faut dire précisément par ceci (que je ne m'arrêterai pas ici à examiner), il est évident que Notre-Seigneur ordonne de s'abstenir de péché, non seulement du péché, mais des consolations et des jouissances innocentes de cette vie, ou de renoncer à soi-même dans les choses licites.

« Il dit encore : 'Si quelqu'un veut venir à ma suite, qu'il renonce à lui-même, qu'il se charge chaque jour de sa croix, et qu'il me suive' (Luc 9:23). Ici, il nous montre, à partir de son propre exemple, ce qu'est l'abnégation chrétienne. C'est prendre sur nous une croix selon son modèle, non pas simplement nous abstenir de pécher, car il n'avait pas de péché, mais renoncer à ce que nous pourrions utiliser légalement. C'est dans ce caractère particulier que le Christ est venu sur la terre. C'est cette abnégation spontanée et exubérante qui l'a fait tomber. Celui qui était un avec

Dieu, a pris sur lui notre nature et a souffert la mort – et pourquoi ? pour nous sauver, nous qu'Il n'avait pas besoin de sauver. Ainsi, Il s'est renié lui-même et a pris Sa croix. C'est précisément sous cet aspect que Dieu, tel qu'il est révélé dans l'Écriture, se distingue de cette manifestation de sa gloire que la nature nous donne : la puissance, la sagesse, l'amour, la miséricorde, la longanimité – ces attributs, bien que beaucoup plus pleinement et plus clairement manifestés dans l'Écriture que dans la nature, sont encore à leur degré visibles sur le visage de la création visible; mais l'abnégation, si l'on peut dire, cet attribut incompréhensible de la Divine Providence, ne nous est révélé que dans l'Écriture. « Car Dieu a tant aimé le monde qu'il a donné son Fils unique » (Jean 3:16). C'est là l'abnégation. Et le Fils de Dieu vous a tant aimés, que « étant riche, il s'est fait pauvre à cause de vous » (2 Corinthiens 8:9). Voici l'abnégation de notre Sauveur. « Il ne s'est pas plu à lui-même. »

Telle est l'abnégation chrétienne, et elle nous incombe pour de nombreuses raisons. Le chrétien renonce à lui-même dans les choses licites parce qu'il est conscient de sa propre faiblesse et de sa vulnérabilité au péché; il n'ose pas marcher sur le bord d'un précipice; Au lieu d'aller à l'extrême de ce qui est permis, il se tient à distance du mal, afin d'être en sécurité. Il s'abstient, de peur qu'il ne soit tempérant, il jeûne de peur de manger et de boire avec les ivrognes. Comme il est évident, beaucoup de choses sont justes et irréprochables en elles-mêmes qui sont inopportunes dans le cas d'une créature faible et pécheresse; Son cas est semblable à celui d'une personne malade; Beaucoup de sortes d'aliments, bons pour un homme en bonne santé, sont nuisibles quand il est malade – le vin est un poison pour un homme qui a une fièvre féroce. Et c'est ainsi que beaucoup d'actes, de pensées et de sentiments, qui auraient été permis à Adam avant sa chute, sont préjudiciables ou dangereux chez l'homme déchu. Par exemple, la colère n'est pas un péché en soi. C'est ce que sous-entend saint Paul lorsqu'il dit : « Mets-toi en colère et ne pèche pas » (Éphésiens 4:26). Et on dit que notre Sauveur, à une occasion, s'est mis en colère et qu'il était sans péché. Dieu Tout-Puissant, lui aussi, est en colère contre les méchants. La colère n'est donc pas en elle-même un sentiment de péché; mais dans l'homme, constitué comme il l'est, il est si dangereux de s'y livrer, que le renoncement à soi-même est ici un devoir de simple prudence. Il est presque impossible pour un homme d'être en colère seulement dans la mesure où il devrait l'être; il dépassera la bonne limite; Sa colère dégénérera en orgueil, en tristesse, en méchanceté, en cruauté, en vengeance et en haine. Il enflammera son âme malade et l'empoisonnera. Par conséquent, il doit s'en abstenir, comme si c'était en soi un péché (bien qu'il ne le soit pas), car il l'est pratiquement pour lui.

« Si nous sommes en bonne santé et dans une situation aisée, méfions-nous de l'orgueil, de l'autosuffisance, de la suffisance, de l'arrogance, de la délicatesse de la vie, des indulgences, du luxe, du confort. Rien n'est plus susceptible de corrompre nos cœurs et de nous éloigner de Dieu, que de nous entourer de conforts, d'avoir les choses à notre façon, d'être le centre d'une sorte de monde, qu'il s'agisse de choses animées ou inanimées, qui nous servent. Car alors, à notre tour, nous dépendrons d'eux; ils nous deviendront nécessaires; Leur service et leur adulation nous amèneront à nous confier à eux et à les idolâtrer. Quels exemples y a-t-il dans l'Écriture d'hommes doux et luxueux ! Était-ce Abraham devant la Loi, qui a erré toute sa vie, sans maison ? ou Moïse, qui a donné la Loi et est mort dans le désert ? ou David sous la Loi, qui « n'avait pas d'air orgueilleux » et était « comme un enfant sevré » ? ou les prophètes, dans les derniers jours de la Loi, qui erraient en peaux de brebis et de chèvres ? ou le Baptiste, lorsque l'Évangile l'a supplanté, qui était vêtu d'un vêtement de poil de chameau et qui mangeait la nourriture du désert ? ou les Apôtres qui étaient 'l'effacement de toutes choses' ? ou notre Sauveur béni, qui « n'avait pas un endroit où reposer sa tête » ? Qui sont les hommes doux et luxueux dans les Écritures ? Il y avait l'homme riche, qui « s'est comporté somptueusement chaque jour », puis « a levé les yeux dans l'enfer, étant dans les tourments ». Il y avait cet autre, dont « la terre produisait en abondance » et qui disait : « Âme, tu as beaucoup de biens amassés pour de nombreuses années »; et son âme était exigée de lui cette nuit-là. Il y a eu Démas, qui a abandonné saint Paul, « ayant aimé ce monde présent » ! Et hélas ! Il y avait ce roi hautement favorisé, ce roi divinement inspiré, Salomon, riche et sage, à qui il n'a servi à rien de mesurer la terre et de compter ses habitants, alors que, dans sa vieillesse, il « aimait beaucoup de femmes étrangères » et adorait leurs dieux.

Vous n'avez pas besoin d'essayer de tracer une ligne précise entre ce qui est péché et ce qui est seulement permis : levez les yeux vers le Christ et renoncez à vous-mêmes, quel que soit son caractère, à tout ce que vous pensez qu'Il voudrait que vous abandonniez. Vous n'avez pas besoin de calculer et de mesurer si vous aimez beaucoup : vous n'avez pas besoin de vous embarrasser avec des points de curiosité si vous avez le cœur de vous aventurer après lui. Certes, des difficultés surgissent parfois, mais elles le sont rarement. Il vous ordonne de prendre votre croix; Accepte donc les occasions quotidiennes qui se présentent de céder aux autres, quand tu n'as pas besoin de céder, et de rendre des services désagréables que tu pourrais éviter. Il ordonne à ceux qui veulent être les plus élevés, de vivre comme les plus bas : par conséquent, détournez-vous des pensées ambitieuses, et (dans la mesure de votre religion) prenez la résolution de ne pas prendre votre autorité et votre gouvernement. Il vous ordonne de vendre et de faire l'aumône; Par conséquent, détestez dépenser de l'argent pour vous-même. Ferme les yeux à la louange, quand elle devient bruyante : mets ton visage comme un silex, quand le monde se moque, et souris à ses menaces. Apprenez à maîtriser votre cœur, quand il veut éclater en véhémence, ou prolonger un chagrin stérile, ou se dissoudre dans une tendresse inopportune. Mets ta langue et détourne ton œil, de peur que tu ne tombes dans la tentation. Évitez l'air dangereux qui vous détend et accrochez-vous aux hauteurs. Levez-vous pour prier « bien avant le jour », et cherchez le véritable, votre unique Époux, « la nuit sur votre lit ». Ainsi l'abnégation vous deviendra naturelle, et un changement s'opérera en vous, doucement et imperceptiblement; et, comme Jacob, tu te coucheras dans le désert, et tu verras bientôt des anges, et un chemin t'ouvrira pour entrer au ciel.

Du jugement et de la punition des pécheurs

Thomas à Kempis

Imitation du Christ, Livre 1, Chapitre 24

« Regardes-en toutes choses à la fin, et comment tu pourras te tenir devant un juge sévère, à qui rien n'est caché, qui n'accepte pas de pots-de-vin, qui ne reçoit pas d'excuses, mais qui jugera ce qui est juste.

« Ô pécheur misérable et insensé, que répondrez-vous à Dieu, qui connaît tous vos péchés; Vous qui avez parfois peur des regards d'un homme en colère ?

« Pourquoi ne vous préparez-vous pas pour le jour du jugement, où aucun homme ne peut être excusé ou défendu par un autre, mais où chacun aura assez à faire pour répondre de lui-même ?

« À présent, votre travail est profitable, vos larmes sont agréables, vos soupirs seront entendus, et votre chagrin est satisfaisant, et peut purger vos péchés.

« Un homme patient a un purgatoire grand et sain, qui, recevant des blessures, se préoccupe plus du péché d'une autre personne que de son propre tort; qui prie volontiers pour ses adversaires, et qui pardonne de tout son cœur les offenses; qui tarde à demander pardon aux autres; qui est plus facile à la compassion qu'à la colère; qui use souvent de violence contre lui-même, et s'efforce d'amener la chair entièrement soumise à l'esprit.

« Il vaut mieux maintenant purifier nos péchés et extirper les vices que de les réserver pour être purifiés dans l'au-delà.

« En vérité, nous nous trompons nous-mêmes par l'amour démesuré que nous portons à notre chair.

« De quoi ce feu se nourrira-t-il, si ce n'est de vos péchés ?

« Plus tu t'épargnes maintenant, et plus tu suis la chair, plus tu souffriras cruellement dans l'au-delà, et plus tu amas de combustible pour ce feu.

« En quoi l'homme a-t-il le plus péché, en quoi sera-t-il plus lourdement puni ?

« Là, le paresseux sera piqué en avant avec des aiguillons enflammés, et le glouton sera tourmenté d'une faim et d'une soif extrêmes.

« Là, les luxueux et les amateurs de plaisir seront couverts partout de poix brûlante et de soufre puant; et les envieux, comme des chiens enragés, hurleront de chagrin.

« Il n'y a pas de vice qui n'y subisse son véritable tourment.

« Là, les orgueilleux seront remplis de toute confusion, et les cupides seront redressés par le plus misérable besoin.

« Là, une heure de souffrance sera plus aiguë que cent ans passés ici dans la pénitence la plus rigide.

« Il n'y a pas de repos, pas de réconfort pour les damnés; Mais ici, il y a parfois une pause de travail, et nous recevons du réconfort de nos amis.

« Soyez prudents dès maintenant, et attristés pour vos péchés, afin qu'au jour du jugement, vous soyez en sécurité avec les bienheureux.

« Car alors, les justes tiendront avec une grande constance contre ceux qui les ont affligés et opprimés (Sg 5:1).

« Alors il se lèvera pour juger, lui qui maintenant se soumet humblement au jugement des hommes.

« Alors, les pauvres et les humbles auront une grande confiance, et les orgueilleux auront peur de tous côtés. »

« Apprenez dès maintenant à souffrir de petites choses, afin qu'alors vous soyez délivré de souffrances plus douloureuses.

« Essaie d'abord ici ce que tu ne peux pas souffrir dans l'au-delà.

« Si tu peux maintenant endurer si peu, comment pourras-tu supporter les tourments éternels ?

« Si un peu de souffrance vous rend si impatient, que fera l'enfer dans l'avenir ?

« Certainement, vous ne pouvez pas avoir votre plaisir dans ce monde et ensuite régner avec Christ.

Sur la détermination à amender toute notre vie

Thomas à Kempis

Imitation du Christ, Livre 1, Chapitre 25

« Si jusqu'à ce jour vous aviez toujours vécu dans les honneurs et les plaisirs, à quoi vous servirait-il de mourir dans un instant ?

« Tout n'est donc que vanité : aimer Dieu et le servir seul !

« Car celui qui aime Dieu de tout son cœur ne craint ni la mort, ni le châtiment, ni le jugement, ni l'enfer; parce que l'amour parfait donne un accès sûr à Dieu.

« Mais celui qui se complaît encore dans le péché, il n'est pas étonnant qu'il ait peur de la mort et du jugement. » Il est bon, cependant, que si l'amour ne vous sauve pas encore du mal, au moins la crainte de l'enfer vous retient.

« Mais celui qui abandonne la crainte de Dieu ne pourra pas persévérer longtemps dans le bien, mais tombera rapidement dans les pièges du diable. »

« Confie-toi en l'Éternel, et fais le bien, dit le prophète, et habite le pays, et tu seras nourri de ses richesses (Psaume 36:3).

Il y a une chose qui empêche beaucoup de gens de progresser spirituellement et de modifier fervent la vie, c'est l'appréhension des difficultés ou du travail qu'il faut accomplir dans le conflit.

Et ils progressent plus que tous les autres en vertu, qui s'efforcent vaillamment de surmonter les choses qu'ils trouvent plus gênantes ou contraires à eux.

Car c'est là que l'homme fait de plus grands progrès et mérite une plus grande grâce, là où il se surmonte davantage et se mortifie en esprit.

« Mais tous les hommes n'ont pas pareil à vaincre et à mortifier.

Cependant celui qui est diligent et zélé, bien qu'il ait plus de passions à combattre, pourra faire de plus grands progrès qu'un autre qui a moins de passions, mais qui est en même temps moins fervent dans la poursuite de la vertu.

« Deux choses particulièrement conduisent à un grand amendement : ce sont, c'est de se retirer de force de ce à quoi la nature est vicieusement inclinée, et de travailler sérieusement pour le bien que l'on désire le plus. »

CINQUIÈME MÉDITATION

RENDRE GLOIRE À DIEU DANS LE MONDE

Saint-Jean Henry Newman

Sermons paroissiaux et simples, Vol. 8, Sermon 11

Quand les gens sont convaincus que la vie est courte, qu'elle n'est pas à la hauteur d'un grand but, qu'elle ne met pas en valeur ou n'amène pas à la perfection le vrai chrétien, quand ils sentent que la prochaine vie est tout en tout et que l'éternité est le seul sujet qui puisse vraiment revendiquer ou remplir leurs pensées, alors ils sont enclins à sous-estimer complètement cette vie et à oublier son importance réelle. Ils sont enclins à souhaiter passer le temps de leur séjour ici dans une séparation positive des devoirs actifs et sociaux : cependant, il faut se rappeler que les emplois de ce monde, bien qu'ils ne soient pas eux-mêmes célestes, sont, après tout, le chemin vers le ciel – bien qu'ils ne soient pas le fruit, ils sont la semence de l'immortalité – et sont précieux. mais pas en eux-mêmes, mais pour ce à quoi ils conduisent : mais il est difficile de s'en rendre compte. Il est difficile de réaliser les deux vérités en même temps, et de relier les deux vérités ensemble; contempler fermement la vie à venir, mais agir en celle-ci. Ceux qui méditent risquent de négliger les devoirs actifs qui leur incombent en fait, et de s'attarder sur la pensée de la gloire de Dieu, jusqu'à ce qu'ils oublient d'agir pour sa gloire. Cet état d'esprit est réprimandé en figure dans les paroles des saints anges aux apôtres, lorsqu'ils disent : « Hommes de Galilée, pourquoi restez-vous là à regarder le ciel ? » (Actes 1:11)

« De diverses manières, la pensée de l'autre monde conduit les hommes à négliger leur devoir en cela; Et chaque fois qu'il le fait, nous pouvons être sûrs qu'il y a quelque chose de faux et de non chrétien, non pas dans leur pensée du monde à venir, mais dans leur manière de le penser. Car, bien que la contemplation de la gloire de Dieu puisse, à certains moments et chez certaines personnes, interférer de manière permise avec les emplois actifs de la vie, comme dans le cas des Apôtres lorsque notre Sauveur est monté au ciel, et bien qu'une telle contemplation nous soit même librement permise ou commandée à certains moments de chaque jour, cependant ce n'est pas une méditation réelle et vraie sur le Christ, mais quelque contrefaçon, qui nous fait rêver notre temps, ou qui nous rend habituellement paresseux, ou qui nous détourne de nos devoirs existants, ou nous dérange.

Je parle du cas où il est du devoir d'une personne de rester dans sa vocation mondaine, et où elle y demeure, mais où elle nourrit de l'insatisfaction à son égard, alors que ce qu'elle doit ressentir, c'est que, pendant qu'elle est en elle, elle doit glorifier Dieu, non pas à partir de lui, mais en lui, et par son moyen, selon la directive de l'Apôtre : « Ne pas paresseux dans le zèle; soyez fervents en esprit, servant le Seigneur » (Rom.12:11). Le Seigneur Jésus-Christ, notre Sauveur, est mieux servi, et avec l'esprit le plus fervent, lorsque les hommes ne sont pas paresseux dans les affaires, mais font leur devoir dans l'état de vie où il a plu à Dieu de les appeler.

"... Aussi mauvais que cela puisse être d'être languissants et indifférents dans nos devoirs séculiers et de rendre compte de cette religion, il est pourtant bien pire d'être les esclaves de ce monde et d'avoir le cœur dans les préoccupations de ce monde... Je veux parler de cet esprit ambitieux, pour employer un grand mot, mais je ne connais pas d'autre mot pour exprimer ce que je veux dire – cette basse ambition qui met tout le monde à l'affût de réussir et de s'élever dans la vie, d'amasser de l'argent, d'acquérir du pouvoir, de déprimer ses rivaux, de triompher de ses supérieurs jusqu'alors, d'affecter une conséquence et une gentillesse qu'il n'avait pas auparavant. Affecter d'avoir une opinion sur des sujets élevés, faire semblant de former un jugement sur les choses sacrées, choisir sa religion, approuver et condamner selon son goût, devenir partisan à des mesures extensives pour le bénéfice temporel supposé de la communauté, se livrer à la vision des grandes choses à venir, De grandes améliorations, de grandes merveilles : toutes choses vastes, toutes choses nouvelles, cet esprit le plus terriblement terrestre et rampant est probable, hélas ! s'étendre de plus en plus parmi nos compatriotes – une poursuite intense, insomniaque, agitée, jamais fatiguée, jamais satisfaite de Mammon sous une forme ou une autre, à l'exclusion de toute pensée profonde, toute sainte, toute pensée calme, toute pensée révérencieuse. C'est dans cet esprit que, plus ou moins (selon leurs différents tempéraments), les hommes s'occupent ordinairement des affaires de ce monde; et je le répète, il vaudrait mieux, beaucoup mieux, s'il fallait se retirer complètement du monde que de s'y engager ainsi, mieux vaut avec Élie s'envoler vers le désert, que de servir Baal et Astarté à Jérusalem.

« Mais il est certainement possible de 'servir le Seigneur', mais de ne pas être paresseux en affaires; pas trop dévoué à elle, mais pas pour s'en retirer. Nous pouvons tout faire quoi que nous soyons pour la gloire de Dieu; nous pouvons tout faire de bon cœur, comme pour le Seigneur, et non pour l'homme, en étant à la fois actifs et méditatifs ; et maintenant, permettez-moi de donner quelques exemples pour montrer ce que je veux dire.

« Faites tout pour la gloire de Dieu, dit saint Paul dans le texte; non, soit que tu manges, soit que tu boives » (1 Corinthiens 10:31); de sorte qu'il semble que rien n'est trop léger ou insignifiant pour le glorifier. Nous supposerons donc de prendre le cas dont nous venons de parler; Nous supposerons un homme qui a eu dernièrement des pensées plus sérieuses qu'il n'en avait auparavant, et qui se décide à vivre plus religieusement. En conséquence de la tournure que son esprit a prise, il éprouve une répugnance pour ses occupations mondaines, qu'il soit dans le commerce ou dans un emploi mécanique qui lui permet peu d'exercice de l'esprit. Il sent maintenant qu'il préférerait s'occuper d'une autre entreprise, bien qu'en elle-même son occupation actuelle soit tout à fait licite et agréable à Dieu.

L'homme mal instruit s'impatientera aussitôt et quittera la ville ; ou s'il ne s'en sépare pas, du moins il sera négligent et paresseux en cela. Mais le vrai pénitent se dira : « Non; Si c'est un emploi ennuyeux, plus il me convient davantage. Je ne mérite pas mieux. Je ne mérite pas d'être nourri, même avec des coss. Je suis tenu d'affliger mon âme pour les péchés passés. Si j'allais dans le sac et la cendre, si je vivais de pain et d'eau, si je lavais les pieds des pauvres au jour le jour, ce ne serait pas une trop grande humiliation; et la seule raison pour laquelle je ne le fais pas, c'est que je n'ai pas d'appel de cette façon, cela aurait l'air ostentatoire. C'est avec plaisir que je grêlerai un inconvénient qui m'éprouvera sans que personne ne le sache. Loin de me plaindre, je vais, par la grâce de Dieu, parler joyeusement de ce que je n'aime pas. Je vais me renier. Je sais qu'avec son aide, ce qui est douloureux en soi sera ainsi agréable comme fait envers Lui. Je sais bien qu'il n'y a pas de douleur qui ne puisse être supportée confortablement, par la pensée de lui, et par sa grâce, et la forte détermination de la volonté; Non, personne ne puisse m'apaiser et me consoler. Même le goût et l'odeur naturels peuvent être amenés à aimer ce qu'ils n'aiment pas naturellement; Même la médecine amère, qui donne la nausée au palais, peut devenir tolérable d'une manière résolue. Bien plus, même les souffrances et les tortures, telles que celles que les martyrs ont endurées, ont été auparavant réjouies et embrassées de tout cœur par amour pour le Christ. Alors, moi, pécheur, je prendrai ce léger inconvénient d'une manière généreuse, heureux de l'occasion de me discipliner, et avec un abaissement de moi-même, comme ayant besoin d'une pénitence sévère. S'il y a des parties de mon métier qui me déplaisent particulièrement, s'il exige beaucoup de mouvements, et que je désire être chez moi, ou s'il est sédentaire, et que je désire être en mouvement, ou s'il exige de se lever tôt, et que j'aime me lever tard, ou qu'il me rend solitaire, et j'aime à être avec des amis, toute cette partie désagréable, autant qu'il est compatible avec ma santé, et pour qu'elle ne soit pas susceptible d'être un piège pour moi, je choisirai de préférence. Encore une fois, je vois que mes opinions religieuses sont un obstacle pour moi. Je vois que des gens se méfient de moi. Je vois que j'offense les gens par mon scrupule. Je vois que pour avancer dans la vie, il faut beaucoup plus de dévouement à mes affaires mondaines que je ne peux en donner conformément à mon devoir envers Dieu, ou sans que cela devienne une tentation pour moi. Je sais que je ne dois pas, et (s'il plaît à Dieu) je ne veux pas, lui sacrifier ma religion. Mes saisons et mes heures religieuses seront les miennes. Je n'approuverai aucune des affaires et des pratiques mondaines, des manières excessives, des actions sordides auxquelles les autres se livrent. Et si je suis ainsi rejeté dans la vie, si je fais moins de gains ou si je perds des amis, et qu'ainsi je sois méprisé, et que j'en trouve d'autres qui s'élèvent dans le monde pendant que je reste où j'étais, si difficile que cela puisse être, c'est une humiliation qui me convient en récompense de mes péchés et en obéissance à Dieu; et c'est un bien petit résultat, que d'être simplement privé de succès mondains, ou plutôt c'est un gain. Et c'est peut-être ainsi que le Dieu tout-puissant me fera une ouverture, si c'est sa volonté bénie, pour quitter mon occupation actuelle. Mais le laisser sans un appel de Dieu, je ne dois certainement pas le faire. Au contraire, j'y travaillerai, d'autant plus diligemment que les devoirs supérieurs me le permettront. "

« La reconnaissance envers le Dieu Tout-Puissant, non, et la vie intérieure de l'Esprit lui-même seront des principes supplémentaires qui pousseront le chrétien à travailler diligemment dans son appel. Il verra Dieu en toutes choses. Il se souviendra de la vie de notre Sauveur. Le Christ a été élevé dans un métier humble. Quand il travaille dans les siens, il pensera à son Seigneur et Maître dans le sien. Il se souviendra que le Christ est descendu à Nazareth et qu'il a été soumis à ses parents, qu'il a fait de longs voyages, qu'il a supporté la chaleur du soleil et la tempête, et qu'il n'avait pas où reposer sa tête. Encore une fois, il sait que les apôtres ont eu divers emplois de ce monde avant leur appel; Saint André et saint Pierre pêcheurs, saint Matthieu un collecteur d'impôts, et saint Paul, même après sa vocation, est toujours un fabricant de tentes. C'est pourquoi, dans tout ce qui lui arrive, il s'efforcera de discerner et de contempler (pour ainsi dire) le visage de son Sauveur. Il sentira que la vraie contemplation de ce Sauveur réside dans ses affaires terrestres; que, de même que le Christ se voit dans les pauvres, dans les persécutés et dans les enfants, il le voit aussi dans les emplois qu'il impose à ses élus, quels qu'ils soient; qu'en répondant à son propre appel, il rencontrera le Christ; que s'il le néglige, il n'en jouira pas davantage de sa présence, mais qu'en l'accomplissant, il verra le Christ révélé à son âme au milieu des actions ordinaires du jour, comme par une sorte de sacrement. Ainsi, il prendra ses affaires terrestres comme un don de Sa part et les aimera comme telles.

De plus, il utilisera ses affaires mondaines comme un moyen de le préserver des pensées vaines et inutiles. L'une des causes de l'invention du mal par le cœur, c'est qu'on lui donne le temps de le faire. L'homme qui a ses devoirs quotidiens, qui y consacre son temps heure par heure, est épargné d'une multitude de péchés qui n'ont pas le temps de s'emparer de lui. La rumination des insultes reçues, ou la nostalgie d'un bien non accordé, ou le regret des pertes qui nous sont arrivées, ou la perte d'amis par la mort, ou les attaques de pensées impures et honteuses, tout cela est tenu à l'écart de celui qui a soin d'être diligent et bien employé. Le loisir est l'occasion de tous les maux. L'oisiveté est le premier pas dans le chemin descendant, qui mène à l'enfer. Si nous ne trouvons pas d'emploi avec lequel engager notre esprit, Satan sera sûr de trouver son propre emploi pour eux. Nous voyons ici les différences de motifs avec lesquelles un homme religieux et un homme à l'esprit mondain peuvent faire la même chose. Supposons qu'une personne ait eu une triste affliction, disons un deuil : les hommes de ce monde, n'ayant aucun plaisir dans la religion, n'aimant pas à s'attarder sur une perte irréparable pour eux, afin de noyer la réflexion, se lancent dans des recherches mondaines pour détourner leurs pensées et bannir les ténèbres. Le chrétien, dans les mêmes circonstances, fait la même chose, mais c'est par crainte de se détendre et d'affaiblir son esprit par une tristesse stérile; de la crainte de devenir mécontent; de la croyance qu'il plaît mieux à Dieu, et qu'il est probable qu'il assurera plus pleinement sa paix, en ne perdant pas de temps; du sentiment que, loin d'oublier ceux qu'il a perdus en agissant ainsi, il n'en jouira que plus réellement et plus religieusement à leur penser.

«Enfin, nous voyons quel jugement porter dans une question quelquefois agitée, celle de savoir si l'on doit se retirer de nos affaires mondaines à la fin de la vie, pour donner plus entièrement nos pensées à Dieu. Le vouloir est si naturel que je suppose qu'il n'y a personne qui ne le voudrait pas. Un grand nombre de personnes n'ont pas le droit de ce privilège, un grand nombre l'est à cause d'infirmités croissantes ou d'une extrême vieillesse; mais tout le monde, je pense, s'il était autorisé à choisir, considérerait que c'est un privilège d'y être autorisé, bien qu'un grand nombre trouverait difficile de déterminer quel est le moment opportun. Mais considérons quelle est la raison de ce désir si naturel. Je crains que ce ne soit souvent pas un souhait religieux, souvent seulement partiellement religieux. Je crains qu'un grand nombre de personnes qui ont l'idée de se retirer des affaires du monde, ne le fassent dans l'idée qu'elles se divertissent alors un peu à la manière de l'homme riche de l'Évangile, qui a dit : « Mon âme, tu as beaucoup de biens amassés pour de nombreuses années » (Luc 12:19). Si c'est là le but prédominant de quelqu'un, bien sûr, je n'ai pas besoin de dire que c'est un péché fatal, car le Christ lui-même l'a dit. Il y en a d'autres qui sont mus par un sentiment mélangé; Ils sont conscients qu'ils ne consacrent pas à la religion autant de temps qu'ils le devraient; Ils ne vivent pas selon la règle; non, ils ne sont pas satisfaits de l'exactitude ou de la droiture de certaines des pratiques ou coutumes que leur mode de vie exige d'eux, et ils se lassent des affaires actives au fur et à mesure que la vie avance, et souhaitent être à l'aise. Ils considèrent donc leurs dernières années comme une période de retraite, au cours de laquelle ils peuvent tous deux s'amuser et se préparer pour le ciel. Et ainsi, ils satisfont à la fois leur conscience et leur amour du monde. À l'heure actuelle, la religion leur est pénible; Mais alors, comme ils l'espèrent, le devoir et le plaisir iront de pair. Maintenant, laissant de côté toutes les autres erreurs qu'un tel état d'esprit met en évidence, qu'il soit observé que s'ils ne servent pas Dieu de tout leur cœur, mais attendent avec impatience le temps où ils le feront, alors il est clair que lorsqu'ils abandonnent enfin les soucis du monde et se tournent vers Dieu, s'ils le font, ce temps doit nécessairement être un temps de profonde humiliation, s'il doit lui être acceptable, et non une retraite confortable. Qui a jamais entendu parler d'un repentir agréable, facile et joyeux ? C'est une contradiction dans les termes. Ces hommes, s'ils réfléchissent un instant, doivent avouer que leur mode de vie actuel, en supposant qu'il ne soit pas aussi strict qu'il devrait l'être, est un amas de larmes et de gémissements pour leurs dernières années, et non de jouissance. Plus ils vivent longtemps comme ils le font actuellement, non seulement plus il est improbable qu'ils se repentent; Mais même s'ils le font, plus leur repentir doit être amer, plus douloureux. La seule façon d'échapper à la souffrance pour le péché dans l'au-delà est de souffrir pour cela ici-bas. Chagrin ici-bas ou malheur dans l'au-delà ; Ils ne peuvent échapper à l'un ou à l'autre.

Ce n'est donc pas pour une raison mondaine, ni pour des motifs présomptueux ou incrédules, que le chrétien désire le loisir et la retraite pour ses dernières années. Non, il se contentera de faire avec ces bénédictions, et le plus grand chrétien de tous est celui dont le cœur est tellement fixé sur Dieu, qu'il ne le souhaite ni n'en a besoin; dont le cœur est tellement fixé sur les choses d'en haut, que les choses d'en bas l'excitent, l'agitent, le déstabilisent, l'affligent et le séduisent, comme elles arrêtent le cours de la nature, comme elles arrêtent le soleil et la lune, ou changent l'été et l'hiver. Tels étaient les Apôtres qui, comme les corps célestes, allaient vers « toutes les nations » pleins d'affaires, et cependant remplis aussi d'une douce harmonie, jusqu'aux extrémités de la terre. Leur appel était céleste, mais leur travail était terrestre; Ils furent en travail et dans l'ennui jusqu'à la fin; cependant considérez avec quel calme saint Paul et saint Pierre écrivent dans leurs derniers jours. Saint Jean, d'autre part, a été autorisé dans une grande mesure à se retirer des soucis de sa charge pastorale, et tel sera, dis-je, le désir naturel de tout homme religieux, que son ministère soit spirituel ou profane; mais, non pas pour commencer à fixer son esprit sur Dieu, mais simplement parce que, bien qu'il puisse contempler Dieu aussi véritablement et être aussi saint de cœur dans les affaires actives que dans le calme, il est cependant plus convenable et plus convenable d'affronter le coup de la mort (si on nous le permet) en silence, collectivement, solennellement, que dans une foule et un tumulte. C'est pourquoi, entre autres raisons, nous prions dans les litanies pour être délivrés « de la mort subite ».

« Dans l'ensemble, donc, ce que j'ai dit revient à ceci, que tandis qu'Adam a été condamné au travail comme punition, le Christ l'a sanctifié par sa venue comme un moyen de grâce et un sacrifice d'action de grâces, un sacrifice à offrir joyeusement au Père en son nom. »

« Que Dieu nous donne la grâce, dans nos différentes sphères et rangs, de faire sa volonté et d'orner sa doctrine; afin que, soit que nous mangions et buvions, soit que nous jeûnions et que nous priions, que nous travaillions avec nos mains ou avec notre esprit, que nous voyagions ou que nous restions en repos, nous puissions glorifier Celui qui nous a rachetés de son propre sang !

Prière pour les tempêtes de la vie

(Extrait de The Raccolta)

« Tu vois, ô Seigneur, comment, de tous côtés, les vents se déchaînent sur nous, et la mer devient agitée par le violent vacarme des vagues. Fais-toi, nous t'en supplions, toi qui seul es capables, commande aux vents et aux flots. Redonnez à l'humanité cette paix véritable que le monde ne peut pas donner, la paix qui vient du bon ordre. Que les hommes poussés par ta grâce reviennent à une vie droite et ordonnée, pratiquant de nouveau, comme ils le devraient, l'amour envers Dieu, la justice et la charité dans leurs relations avec leur prochain, la tempérance et la maîtrise de soi dans leur propre vie. Que ton règne vienne, et que ceux qui cherchent maintenant vainement et laborieusement la vérité et le salut, loin de toi, comprennent qu'ils doivent vivre comme tes serviteurs dans la soumission à toi. Tes lois manifestent ta justice et ta douceur paternelle, et pour nous permettre de les observer, tu pourvois gratuitement par ta grâce aux moyens qui sont prêts. La vie de l'homme sur la terre est une guerre, mais « Tu vois toi-même la lutte, Tu aides l'homme à vaincre, Tu le relèves quand il tombe, et Tu le couronnes quand il est victorieux. » "

Une prière pour que la volonté de Dieu soit faite

Thomas à Kempis

Imitation du Christ, Livre 3, Chapitre 15

« Accorde-moi ta grâce, Jésus le plus miséricordieux, qu'elle soit avec moi et qu'elle subsiste avec moi jusqu'à la fin.

« Accorde-moi toujours de vouloir et de désirer ce qui te convient le mieux et ce qui te plaît le mieux.

« Que ta volonté soit la mienne, et que ma volonté suive toujours la tienne, et qu'elle s'accorde parfaitement avec elle.

« Permettez-moi toujours de vouloir ou de ne pas vouloir la même chose avec vous, et que je ne puisse pas vouloir ou ne pas vouloir autrement que ce que vous voulez ou ne voulez pas.

« Fais que je meure à tout ce qui est dans le monde; et pour vous, aimez être méprisé et ne pas être connu en ce monde.

« Fais que je repose en toi par-dessus tout ce que je désire, et que mon cœur soit en paix en toi.

« Tu es la vraie paix du cœur; Vous êtes son seul repos : en dehors de vous, toutes choses sont dures et inconfortables.

« Dans cette paix, dans le même qui est en toi, le Dieu unique souverain et éternel, je dormirai et je me reposerai. Amen (Psaume 4:9). »

Nous ne devons pas faire confiance aux hommes, mais à Dieu seul

« Louez le Seigneur, ô mon âme, dans ma vie, je louerai le Seigneur : je chanterai à mon Dieu aussi longtemps que je le serai.

« Ne mets pas ta confiance dans les princes, dans les enfants des hommes, en qui il n'y a pas de salut.

« Son esprit sortira, et il retournera sur sa terre : en ce jour-là, toutes leurs pensées périront.

« Heureux celui qui a pour secours le Dieu de Jacob, dont l'espérance est dans le Seigneur, son Dieu, qui a fait le ciel et la terre, la mer et tout ce qui s'y trouve.

« Qui garde la vérité pour toujours, qui exécute le jugement pour ceux qui souffrent l'injustice, qui donne à manger à ceux qui ont faim.

« Le Seigneur délivre ceux qui sont enchaînés, le Seigneur éclaire les aveugles.

« Le Seigneur relève ceux qui sont abattus, le Seigneur aime les justes.

« Le Seigneur garde les étrangers, il soutiendra l'orphelin et la veuve, et il détruira les voies des pécheurs.

« Le Seigneur régnera éternellement : ton Dieu, ô Sion, de génération en génération » (Psaume 145).

SIXIÈME MÉDITATION

L'EUCHARISTIE, BESOIN DE NOTRE CŒUR

De saint Pierre Julien Eymard,

(La Présence Réelle)

Pourquoi Jésus-Christ est-il dans l'Eucharistie ? « Nous pourrions apporter plusieurs réponses à cette question. Mais ce qui les comprend tous, c'est ceci : Il est là parce qu'Il nous aime, et parce qu'Il désire que nous l'aimions. L'amour – c'est la raison de l'institution de l'Eucharistie.

Sans l'Eucharistie, l'amour de Jésus-Christ serait pour nous un amour mort, un amour passé, que nous oublierions bientôt et que nous serions presque pardonnables d'oublier. L'amour a ses lois, ses exigences. Seule l'Eucharistie les satisfait pleinement. Par elle, Jésus-Christ a parfaitement le droit d'être aimé, parce qu'il témoigne dans son amour infini pour nous.

« Or, l'amour naturel, tel que Dieu l'a mis dans nos cœurs, exige trois choses : la présence de l'être aimé, ou la vie sociale; communauté de biens ; et l'union parfaite.

« L'absence est la douleur de l'amitié, son tourment. La distance s'affaiblit et, si elle se prolonge trop, finit par mettre à mort l'amitié la plus ferme.

« Si notre Seigneur est loin de nous, éloigné de nous, notre amour pour lui subira l'effet dissolvant de l'absence. Il est dans la nature de l'amour de l'homme d'exiger, pour vivre, la présence de l'objet aimé.

« Voici les pauvres Apôtres pendant que Notre-Seigneur était dans le tombeau. Les disciples d'Emmaüs avouèrent qu'ils avaient presque perdu la foi parce qu'ils n'avaient plus leur bon Maître.

— Ah ! Si le Seigneur ne nous avait laissé aucun autre gage de son amour que Bethléem et le Calvaire, pauvre Sauveur ! Comme nous aurions dû l'oublier rapidement ! Quelle indifférence ! « L'amour veut voir, entendre, converser, toucher.

« Rien ne remplace l'être aimé, ni les souvenirs, ni les cadeaux, ni les portraits. Tout cela est sans vie.

« Notre Seigneur le savait bien. Rien n'aurait pu prendre la place de sa personne. Nous avons besoin de Notre Seigneur Lui-même.

« Mais sa parole ? Non, ça ne sonne plus. Nous n'entendons plus les accents touchants qui tombaient des lèvres du Sauveur.

« Son Évangile ? C'est un témoignage.

« Mais ses sacrements ne donnent-ils pas la vie ? Ah! il faut l'Auteur de la Vie pour la soutenir en nous !

« La Croix ? Non; à part Jésus, cela ne fait qu'attrister !

« Mais l'espoir ? Sans Jésus, c'est l'agonie !

"... Jésus aurait-il voulu nous réduire à un état si triste de vivre et de lutter sans Lui ?

« Oh, nous serions trop malheureux sans la présence de Jésus avec nous ! Exilés, seuls sur la terre, obligés de se priver des biens terrestres, des consolations de la vie, alors que le mondain a tout ce qu'il désire – la vie serait insupportable !

« Mais avec l'Eucharistie ! Avec Jésus au milieu de nous... de jour comme de nuit, accessible à tous, attendant tout le monde dans sa maison toujours ouverte, accueillant les humbles, les appelant avec une prédilection marquée – ah ! La vie est moins amère. Il est le bon Père au milieu de ses enfants. C'est la vie sociale avec Jésus.

« Et quelle société ! Une société qui nous rend meilleurs, qui nous élève ! Et quelles facilités pour les relations sociales avec le ciel, avec Jésus-Christ, Lui-même, en Personne !

C'est, en effet, la douce compagnie d'une amitié simple, aimante, familière et intime.

— Ah ! C'était nécessaire !

« L'amour désire la communauté des biens, la possession commune. Il souhaite partager le bonheur et le malheur. Donner est sa nature, son instinct, tout donner avec joie, avec plaisir. « Et ainsi, Jésus-Christ, dans le Très Saint Sacrement, donne avec profusion, avec prodigalité, ses mérites, ses grâces, oui, même sa gloire ! Oh, comme il est impatient de donner ! Il ne refuse jamais.

« Et il se donne à tous, et toujours.

Il couvre le monde d'hosties consacrées. Il veut que tous ses enfants le possèdent. Il reste encore douze paniers des cinq pains multipliés dans le désert. Tous doivent en avoir !

Jésus-Christ voudrait envelopper le monde de son voile sacramentel, féconder toutes les nations dans les eaux de la vie qui se perdent dans l'océan de l'éternité, mais seulement après avoir étanché la soif et fortifié les derniers élus.

— Ah ! c'est bien pour nous, pour nous tous, ô Jésus Eucharistique !

L'amour tend à l'union, l'union de ceux qui aiment, la fusion de deux en un, de deux cœurs en un seul, de deux esprits en un, de deux âmes en une.

"... Jésus s'est soumis à cette loi d'amour, qu'il avait lui-même établie. Après avoir partagé notre état, notre vie, Il se donne lui-même dans la Communion; Il nous absorbe en Lui-même.

« Union divine des âmes, toujours plus parfaite, toujours plus intime à proportion de la vivacité de nos désirs ! In me manet, et ego in eo. – Lui en moi, et moi en Lui. Nous demeurons en Lui; Il habite en nous. Nous ne faisons qu'un avec Lui jusqu'à ce que le ciel consomme dans une union éternelle et glorieuse, l'union ineffable commencée ici-bas par la grâce et perfectionnée par l'Eucharistie !

L'amour vit donc avec Jésus présent dans le Très Saint Sacrement. Il partage toutes les richesses de Jésus. Il est uni à Jésus.

« Les besoins de notre cœur sont satisfaits. Il ne peut pas exiger davantage.

« Nous croyons en l'amour de Dieu pour nous. –
Parole de profonde signification !

« La foi dans la vérité des paroles et des promesses
divines est exigée de chaque chrétien. C'est tout
simplement la foi. Mais la foi de l'amour est plus
élevée et plus parfaite. C'est la couronne du premier.

« La foi en la vérité serait stérile si elle ne conduisait
pas à la foi en l'amour.

« Quel est cet amour auquel nous devons croire ?

« C'est l'amour de Jésus-Christ, l'amour qu'Il nous
témoigne dans l'Eucharistie, l'amour qui est Lui-
même, l'amour vivant et infini. » Heureux ceux qui
croient en l'amour de Jésus-Christ dans l'Eucharistie !
Ils aiment, car croire, c'est aimer.

« Ceux qui se contentent de croire en la vérité de
l'Eucharistie n'aiment pas du tout ou aiment très peu.
Mais quelles preuves de son amour Notre-Seigneur a-
t-il données dans l'Eucharistie ?

« En premier lieu, Notre-Seigneur nous a donné sa
parole à cet effet. Il nous dit qu'il nous aime, qu'il n'a

institué son sacrement que par amour pour nous. Alors, c'est vrai.

« Nous croyons un homme honorable sur sa parole. Pourquoi devrions-nous mettre moins de foi dans celle de Notre-Seigneur ?

Quand un ami veut prouver à son ami qu'il l'aime, il le lui dit, et il lui serre la main affectueusement.

« Lorsque Notre-Seigneur veut nous montrer son amour, il le fait en personne, écartant l'intervention de toute tierce personne, qu'elle soit angélique ou humaine. L'amour ne souffre pas d'agents intermédiaires.

Il demeure dans la Sainte Eucharistie pour nous répéter sans cesse : "Je t'aime ! Il faut que tu voies que je t'aime !

« Notre Seigneur avait tellement peur que nous finissions par l'oublier qu'il a élu domicile au milieu de nous, qu'il a fait sa demeure parmi nous, qu'il a mis son service à notre portée afin que nous ne puissions pas penser à lui sans nous rappeler son amour. En se donnant ainsi, il espérait peut-être ne pas être oublié des hommes.

Celui qui réfléchit sérieusement sur l'Eucharistie, mais surtout celui qui y participe, doit être convaincu que le Seigneur l'aime. Il sent qu'il a en Lui un Père. Il se sent aimé comme un enfant. Il sent qu'il a le droit d'aller à Lui comme à un Père et de parler librement avec lui. Quand il est à l'église, au pied du tabernacle, il est à la maison avec son Père. Il le ressent.

— Ah ! Je comprends pourquoi les fidèles aiment vivre près des églises, à l'ombre de la maison paternelle.

« Ainsi, Jésus, dans le Très Saint Sacrement, nous dit qu'Il nous aime. Il nous le répète intérieurement et nous le fait sentir. Croyons en son amour.

« Jésus nous aime-t-il personnellement, individuellement ? » À cette question, il n'y a qu'une seule réponse : appartenons-nous à la famille chrétienne ? Dans une famille, le père et la mère n'aiment-ils pas chaque enfant d'un amour égal ? Et s'ils avaient une préférence, ne serait-ce pas pour les plus délicats ou les infirmes ?

« Le Seigneur a pour nous le sentiment, au moins, d'un Père bon.

« Pourquoi lui refusons-nous ce caractère ?

Mais plus encore, voyez comment Notre-Seigneur exerce envers chacun de nous son amour personnel. Il vient tous les matins voir chacun de ses enfants, en particulier, pour lui rendre visite, lui parler et l'embrasser. Bien qu'il vienne si souvent, sa visite est toujours aussi gracieuse, aussi aimante que si c'était la toute première. Il n'a pas vieilli. Il ne se lasse jamais de nous aimer, et de se donner à chacun de nous.

« Ne se donne-t-il pas tout entier à chacun ? Et si les communiants sont plus nombreux que les hôtes, ne se divise-t-il pas pour eux ? Donne-t-Il jamais moins à quelqu'un ?

« Même si l'église est remplie d'adorateurs, chacun de nous ne peut-il pas prier Jésus, converser avec lui ?

Et n'est-il pas exaucé, ne lui répond-il pas aussi favorablement que s'il était seul dans l'église ?

« Tel est l'amour personnel de Jésus. Tout le monde le reçoit tout entier et ne fait de mal à personne. Comme le soleil éclaire chacun et tous, comme l'océan appartient entièrement à tous les poissons, Jésus appartient à nous tous. Il est plus grand que tous. Il est intarissable.

Une autre preuve indéniable de l'amour de Notre-Seigneur est la persistance de cet amour dans le Très Saint Sacrement.

« Comme cette pensée est touchante pour l'âme qui comprend ! D'innombrables messes sont célébrées quotidiennement dans le monde entier. Ils se succèdent presque sans interruption. Et combien de ces messes, dans lesquelles Jésus s'offre pour nous, sont sans assistance, combien sans assistants ? Tandis que, sur ce nouveau Calvaire, Jésus implore miséricorde, les pécheurs s'indignent contre Dieu et son Christ.

« Pourquoi Notre-Seigneur renouvelle-t-il si souvent ses sacrifices, puisque nous n'en profitons pas ?

« Pourquoi reste-t-il jour et nuit sur nos autels, auxquels personne ne vient recevoir les grâces qu'il offre de toutes ses mains ?

« Parce qu'il est aimant, il espère, il attend ! Si Jésus ne venait sur nos autels qu'à certains jours, il craindrait qu'un pécheur, poussé par le désir de retourner à lui, ne vienne le chercher et, ne le trouvant pas, ne s'en aille sans l'attendre. Il préfère donc attendre lui-même le pécheur, de longues années, plutôt que de le faire attendre un instant, plutôt que de le décourager, peut-être, lorsqu'il veut échapper à l'esclavage du péché.

« Oh ! combien peu ont la moindre idée de l'amour de Jésus dans le Très Saint Sacrement ! Et, pourtant, c'est vrai ! Oh, nous n'avons pas foi en l'amour de Jésus ! Traiterions-nous un ami, traiterions-nous n'importe quel homme, comme nous le faisons pour Notre-Seigneur ?

L'âme pieuse doit aspirer de tout son cœur à l'union avec le Christ dans le sacrement

Thomas à Kempis

Imitation du Christ, Livre 4, Chapitre 13

« Qui me donnera, Seigneur, de te trouver seul, afin que je t'ouvre tout mon cœur et que je jouisse de toi comme mon âme le désire; personne ne me regarde, ni aucune créature qui m'intéresse ou qui m'affecte, sauf Toi seul qui me parle, et moi à toi, comme le Bien-Aimé a coutume de parler à son Bien-Aimé, et un ami pour se divertir avec son ami.

« C'est ce que je prie, c'est ce que je désire, c'est que je sois entièrement uni à vous, et que je retire mon cœur de toutes les choses créées; et par la Sainte Communion... Puissent de plus en plus apprendre à savourer les choses célestes et éternelles.

— Ah ! Seigneur Dieu, quand serais-je entièrement uni à toi et absorbé en toi, et complètement oublieux de moi-même ? Toi en moi et moi en toi; et accorde-nous ainsi à tous deux de continuer en un.

« En vérité, tu es mon Bien-aimé, le meilleur d'entre mille, en qui mon âme se plaît à habiter tous les jours de ma vie.

« En vérité, tu es mon artisan de paix, en qui est la paix souveraine et le vrai repos; de qui est le travail, le chagrin et la misère sans fin.

« Tu es en vérité un Dieu caché, et ton conseil n'est pas avec les méchants; Mais votre conversation est avec les humbles et les simples.

« Ah ! Que ton esprit est doux, Seigneur, qui, pour montrer ta douceur envers tes enfants, voudra bien les nourrir du pain le plus délicieux qui descende du ciel.

« Il n'y a pas d'autre nation aussi grande qui ait son Dieu aussi près d'elle que toi, notre Dieu, tu es présent à tes fidèles; à qui, pour leur confort quotidien et pour l'élévation de leurs cœurs vers le ciel, vous vous donnez pour être mangés et dégustés.

« Car quelle autre nation y a-t-il de plus honorée que le peuple chrétien ?

Ou quelle créature sous le ciel est aussi aimée qu'une âme pieuse, dans laquelle Dieu vient, pour les nourrir de sa chair glorieuse ? Ô grâce ineffable ! Ô merveilleuse condescendance !

« Ô amour infini ! Singulièrement accordé à l'homme.

Mais quel retour rendrai-je au Seigneur pour cette grâce, et pour une charité si extraordinaire ?

« Il n'y a rien que je puisse lui donner qui lui plaise mieux que si je donne tout mon cœur à Dieu et que je l'unisse étroitement à lui.

« Alors tout ce qui est en moi se réjouira extrêmement, quand mon âme sera parfaitement unie à mon Dieu; alors il me dira : Si tu veux être avec moi, je serai avec toi; et je lui répondrai : Seigneur, donne-moi bien, de rester avec moi, et je serai volontiers avec toi.

« C'est tout mon désir que mon cœur soit uni à vous. »

SEPTIÈME MÉDITATION

NOTRE SAINTE MÈRE

Certaines formes modernes du christianisme parlent de l'Enfant, mais jamais un mot de la Mère de l'Enfant. L'Enfant de Bethléem n'est pas tombé du ciel dans un lit de paille, mais il est venu au monde par les grandes portes de la chair. Les fils sont inséparables des mères, et les mères sont inséparables des fils. De même que vous ne pouvez pas aller à la statue d'une mère tenant un bébé et couper la mère, laissant le bébé suspendu dans les airs, vous ne pouvez pas non plus séparer la Mère de l'Enfant de Bethléem. Il n'a pas été suspendu dans les airs dans l'histoire, mais, comme tous les autres bébés, il est venu au monde par et par sa Mère. Pendant que nous adorons l'Enfant, ne devrions-nous pas vénérer sa Mère, et pendant que nous nous agenouillons devant Jésus, ne devrions-nous pas au moins serrer la main de Marie qui nous a donné un tel Sauveur ? Il y a un grave danger que, de peur qu'en célébrant un Noël sans la Mère, nous n'atteignions bientôt un point où nous célébrerons Noël sans l'Enfant, et ces jours sont maintenant à nos portes. Et quelle absurdité c'est; car, de même qu'il ne peut y avoir de Noël sans Christ, de même il ne peut jamais y avoir de Christ sans Marie. Écartez le rideau du passé et, à la lumière de la Révélation, découvrez le rôle et interprétez le rôle que Marie joue dans le grand Drame de la Rédemption !

Dieu Tout-Puissant ne lance jamais une grande œuvre sans une préparation excessive. Les deux plus grandes œuvres de Dieu sont la création du premier homme, Adam, et l'incarnation du Fils de Dieu, le nouvel Adam, Jésus-Christ. Mais ni l'un ni l'autre n'a été accompli sans une préparation divine caractéristique.

Dieu n'a pas fait le chef-d'œuvre de la création, qui était l'homme, dès le premier jour, mais l'a différé jusqu'à ce qu'il ait travaillé pendant six jours à orner l'univers. D'aucune chose matérielle, mais seulement par le fiat de sa volonté, l'Omnipotence se mouvait et disait au Néant : « Sois »; Et voilà que les sphères tombaient dans leurs orbites, se croisant dans une belle harmonie, sans jamais un accroc ni une halte. Puis vinrent les êtres vivants : les herbes portant des fruits comme un hommage inconscient à leur Créateur; les arbres, avec leurs bras feuillus, étendus toute la journée en prière; et les fleurs, ouvrant le calice de leurs parfums à leur Créateur. Avec un travail qui n'était jamais épuisant, Dieu fit alors errer les créatures sensibles, soit dans les palais aquatiques des profondeurs, soit sur des ailes pour voler à travers l'espace sans pistes, soit aussi sans ailes pour errer dans les champs à la recherche de leur repas et de leur bonheur naturel. Mais toute cette beauté, qui a inspiré le chant des poètes et les traces des artistes, n'était pas dans l'Esprit divin assez belle pour la créature que Dieu voulait faire le seigneur et le maître de l'univers. Il ferait encore une chose : il mettrait à part comme jardin de choix une petite portion de sa création, l'embellirait de quatre fleuves coulant à travers des terres riches en or et en onyx, permettrait d'y promener les bêtes des champs comme domestiques de ce jardin, afin d'en faire un paradis de bonheur et de plaisir le plus intense possible sur la terre. Lorsque, finalement, cet Éden a été rendu beau, comme Dieu seul sait comment rendre les choses belles, Il a lancé davantage le chef-d'œuvre de Sa création, qui était le premier homme, et c'est dans ce paradis de plaisir qu'ont été célébrées les premières noces de l'humanité – l'union de la chair et de la chair du premier homme et de la première femme, Adam et Eve.

Or, si Dieu s'est ainsi préparé à sa première grande œuvre, qui a été l'homme, en créant le Paradis de la Création, il était encore plus opportun qu'avant d'envoyer son Fils pour racheter le monde, il lui préparait un paradis de l'Incarnation. Et pendant de longs siècles, Il l'a préparée par des symboles et des prophéties. Dans le langage des types, Il a préparé les esprits humains à une certaine compréhension de ce que serait ce nouveau Paradis. Le buisson ardent de Moïse, inondé de la gloire de Dieu, et conservant au milieu de sa flamme la fraîcheur de sa verdure et le parfum de ses fleurs, était le symbole d'un Nouveau Paradis, conservant dans l'honneur de sa maturité le parfum même de la virginité. La verge d'Aaron, qui s'épanouissait dans la solitude du temple, tandis qu'il était isolé du monde par le silence et la retraite, était un symbole de ce Paradis qui, dans un lieu de retraite et d'isolement du monde, engendrerait la fleur même de la race humaine. L'Arche de l'Alliance, où étaient conservées les tables de la Loi, était un symbole du nouveau Paradis dans lequel la Loi en la personne du Christ prendrait sa résidence même.

Dieu s'est préparé pour ce Paradis, non seulement par des symboles, mais aussi par des prophéties. Même en ce jour terrible où un ange avec une épée enflammée était stationné dans le premier jardin de la création, une prophétie a été faite que le serpent ne finirait pas par vaincre, mais qu'une femme lui écraserait la tête. Plus tard, Isaïe et Jérémie ont salué ce paradis sacré comme un paradis qui encerclerait un homme.

Mais les prophètes et les symboles étaient une préparation trop lointaine. Dieu travaillerait encore plus sur son Paradis. Il ferait un paradis non pas envahi d'herbes et de chardons, mais fleurissant de toutes les fleurs de la vertu; un paradis aux portes duquel le péché n'avait jamais frappé, contre les portes duquel l'infidélité n'oserait jamais se précipiter; un paradis d'où couleraient non pas quatre fleuves à travers des terres riches en or et en onyx, mais quatre océans de grâce aux quatre coins du monde; un Paradis destiné à produire l'Arbre de Vie, et, par conséquent, plein de vie et de grâce lui-même; un Paradis dans lequel devait être tabernacle la Pureté elle-même, et donc un Paradis immaculé; un Paradis si beau et si sublime que le Père Céleste n'aurait pas à rougir d'y envoyer son Fils. Ce Paradis de l'Incarnation don de chair, où devaient être célébrées les noces, non pas de l'homme et de la femme, mais de l'humanité et de la divinité, c'est Notre Bien-Aimée Marie, Mère de Notre Seigneur et Sauveur, Jésus-Christ.

Pourquoi ce Paradis de l'Incarnation ne serait-il pas sans tache et pur ? Pourquoi ne serait-elle pas immaculée et sans tache ? Supposons simplement que vous ayez pu préexister à votre propre mère, de la même manière qu'un artiste préexiste à sa peinture. De plus, supposons que vous ayez un pouvoir infini de faire de votre mère tout ce que vous voulez, tout comme un grand artiste comme Raphaël a le pouvoir de réaliser ses idéaux artistiques. Supposons que vous ayez ce double pouvoir, quel genre de mère auriez-vous faite pour vous-même ? L'auriez-vous faite d'un type tel que vous auriez fait rougir à cause de ses actions non féminines et non maternelles ? L'auriez-vous souillée et souillée d'une manière ou d'une autre avec l'égoïsme qui la rendrait peu attrayante non seulement pour vous, mais aussi pour votre prochain ? Lui auriez-vous donné extérieurement et intérieurement un caractère tel que vous en ayez honte ? Ou bien auriez-vous fait d'elle, en ce qui concerne la beauté humaine, la plus belle femme du monde; et en ce qui concerne la beauté de l'âme, quelqu'un qui rayonnerait de toutes les vertus, de toutes les manières de bonté, de charité et de beauté; Quelqu'un qui, par la pureté de sa vie, de son esprit et de son cœur, serait une inspiration non seulement pour vous, mais même pour vos semblables, de sorte que tous la regarderaient comme l'incarnation même de ce qu'il y a de meilleur dans la maternité ? Maintenant, si vous, qui êtes un être imparfait et qui n'avez pas la conception la plus délicate de tout ce qu'il y a de beau dans la vie, auriez souhaité la plus belle des mères, pensez-vous que notre Seigneur béni, qui non seulement a existé à sa propre mère, mais qui a eu un pouvoir infini pour faire d'elle ce qu'il a choisi, Est-ce que, en vertu de toute l'infinie délicatesse de son esprit, vous la rendriez moins pure, moins aimante et moins belle que vous n'auriez fait votre propre mère ? Si vous qui haïssez l'égoïsme, et vous qui haïssez la laideur, vous l'aviez rendue belle, ne pensez-vous pas que le Fils de Dieu, qui hait le péché, aurait rendu sa propre mère sans péché, et que celui qui hait la laideur morale l'aurait rendue immaculée belle ?

Remarquez comment l'Écriture Sainte révèle d'abord implicitement, puis explicitement, comment Marie est la Mère des chrétiens. Saint Luc, en racontant la naissance de Notre-Seigneur, dit que Marie a mis au monde son « premier-né ». Certains critiques ont soutenu que cela signifiait que notre Sainte Mère avait d'autres enfants selon la chair, bien qu'en fait les Écritures indiquent clairement qu'elle était vierge. L'expression « premier-né » peut en effet signifier que Marie devait avoir d'autres enfants, non par la chair, mais par l'Esprit. Il suggère qu'elle devait avoir une progéniture spirituelle, qui constituerait le Corps mystique de son Divin Fils, tout comme Ève est appelée la « mère de tous les vivants » ou la mère des hommes dans l'ordre naturel. Sara n'a donné qu'un seul fils au père des croyants, Abraham, et pourtant elle est appelée la mère de tout Israël. Il y a une suggestion claire dans les mots « premier-né » que celle qui a engendré corporellement le Chef de l'Église devait aussi engendrer spirituellement les membres de l'Église. Puisque la Tête et le Corps sont inséparables, il est donc vrai de dire que lorsque Marie a porté le Christ dans son sein, elle portait virtuellement tout le Corps mystique. La terre mère qui porte la vigne porte aussi les sarments.

Quand, finalement, le Verbe s'est fait chair et qu'elle l'amène au temple le quarantième jour pour la purification, le rôle de Marie dans la Rédemption devient encore plus clair. Joseph était avec elle ce jour-là, mais le vieux Siméon ne parlait qu'à elle et lui rappelait qu'elle avait été transpercée par l'épée de la douleur. Siméon, rempli de l'esprit prophétique, attendait avec impatience le jour où cet Enfant, le nouvel Adam, expierait le péché sur la Croix, en tant qu'Homme des Douleurs, et où, en tant que nouvelle Ève, elle coopérerait à cette Rédemption en tant que Femme des Douleurs. Siméon lui disait pratiquement que l'Éden deviendrait le Calvaire, que l'arbre serait la Croix et qu'elle serait la Mère du Rédempteur. Mais si elle est la Mère du Rédempteur, alors n'a-t-elle pas été appelée à être la Mère des rachetés ? Et si le Christ était son premier-né, les Rachetés ne seraient-ils pas ses autres nés, frères du Christ et fils du Père céleste ?

Tout cela est devenu plus clair lorsque notre Seigneur a commencé à prêcher. Un jour, alors qu'Il rompait le pain de la vérité à la foule, quelqu'un dans la foule annonça que Sa Sainte Mère Le cherchait. « Mais il répondit et dit à celui qui lui avait dit : 'Qui est ma mère ?' Et, étendant la main vers ses disciples, il dit : « Voici ma mère et mes frères ! Car quiconque fait la volonté de mon Père qui est aux cieux, celui-là est mon frère, ma sœur et ma mère' » (Matthieu 12:48-50). Ces paroles ne signifiaient pas un reniement de sa Sainte Mère, qu'il aimait à côté de son propre Père céleste; ils voulaient plutôt dire qu'il y a d'autres liens que ceux de la chair. Le monde était en train d'être préparé à la signification plus complète et plus profonde des mots « premier-né ». Ce jour-là arriva le vendredi appelé Bon et, sur une colline, appelé Calvaire. Notre Seigneur avait déjà donné ses vêtements à ses bourreaux. Plus tard, il devait donner son corps au tombeau et son esprit à son Père. Mais il a encore deux dons précieux à lui conférer : son disciple bien-aimé Jean et sa mère affligée, Marie. À qui pouvait-Il donner de tels cadeaux si ce n'est à l'un à l'autre ? C'est ainsi qu'à Jean, en tant que représentant de l'humanité bien-aimée et rachetée, il dit : « Voici ta Mère. » Puis, regardant sa mère, il dit – non pas « Mère », mais « Femme », pour lui rappeler sa relation universelle avec la race du Rédempteur – « Femme, voici ton fils. » « Voici, ton fils » – elle avait déjà un fils; Il était suspendu à l'arbre de l'ignominie. Maintenant, elle allait en avoir un autre, un fils de Zébédée. John était donc son deuxième né ! Tout devient clair. Son Fils lui dit qu'il y avait une autre maternité que celle de la chair; maintenant elle se rend compte combien c'était littéralement vrai : elle a enfanté son premier-né à Bethléem, et son nom est Jésus; elle enfante son second enfant sur le Calvaire. Marie était destinée à avoir d'autres enfants que Jésus, mais ceux-ci ne devaient pas naître de sa chair, mais de son cœur. Mère du Christ, elle était à la Croix. Son premier-né à Bethléem fut enfanté dans la joie, mais la malédiction d'Ève planait sur ses travaux à la Croix, car elle était maintenant, comme Ève, en train d'enfanter ses enfants dans la douleur. À ce moment-là, Marie a souffert les affres de l'enfantement spirituel pour les millions d'âmes qui seraient toujours appelées à la filiation adoptive du Père, à la fraternité du Christ et à la joie de l'appeler Mère. La coupe de sa douleur à la Croix, comme celle de son Fils, était remplie à ras bord, et personne ne sait combien elle a souffert pour devenir notre Mère spirituelle ou la Mère du Corps mystique de son divin Fils. Nous savons seulement que les millions de martyrs de tous les âges chrétiens considèrent leurs douleurs comme insignifiantes par rapport aux siennes et qu'ils ont des scrupules à ne pas s'adresser à elle en tant que Reine des martyrs.

Si notre Sauveur avait pu penser à de meilleurs moyens de nous ramener à lui, il nous aurait mis entre d'autres mains que les siennes.

Il y a beaucoup de mensonges sur l'Église catholique. L'une d'entre elles est que les catholiques adorent Marie. C'est absolument faux. Marie est une créature, humaine, non divine. Les catholiques n'adorent pas Marie. Ce serait de l'idolâtrie. Mais ils la vénèrent.

Et aux chrétiens qui ont oublié Marie, pouvons-nous demander s'il est convenable qu'ils oublient celle dont il s'est souvenu sur la croix ? N'emporteront-ils aucun amour pour cette femme par les portes de la chair de laquelle, comme la porte du ciel, il est venu sur la terre ?

L'une des raisons pour lesquelles tant de chrétiens ont perdu la croyance en la divinité du Christ, c'est qu'ils ont perdu toute affection pour celle sur le corps blanc, comme une tour d'ivoire, que cet Enfant a grimpé « pour baiser sur ses lèvres une rose mystique ».

Il n'y a pas un chrétien dans le monde entier qui révère Marie, qui ne reconnaisse que Jésus, son Fils, est en vérité le Fils du Dieu vivant. Le prudent Christ sur la Croix connaissait la manière prudente de conserver la foi en sa divinité, car qui mieux qu'une mère connaît son fils ?

Le don de Marie a fait quelque chose à l'homme, car il lui a donné un amour idéal.

Il n'y a guère eu de mère dans l'histoire du monde qui n'ait pas dit à un moment ou à un autre à son fils ou à sa fille : « Ne fais jamais rien dont ta mère aurait honte. »

Plus l'amour est noble, plus le caractère est noble; et quel amour plus noble pouvait-on donner aux hommes que la femme que le Sauveur du monde a choisie pour sa propre Mère ?

Comment se fait-il que le monde ait avoué son incapacité à inculquer la vertu aux jeunes ? Tout simplement parce qu'elle n'a pas corrélé la morale à un amour plus noble que l'amour-propre. Les choses ne gardent leur proportion et ne remplissent leur rôle que lorsqu'elles sont intégrées dans un ensemble plus vaste.

La plupart des vies sont comme des portes sans charnières, ou des manchons sans manteaux, ou des archets sans violons; c'est-à-dire sans rapport avec des ensembles ou des fins qui leur donnent un sens.

L'accent mis aujourd'hui sur le sexe est le résultat de l'arrachement d'une fonction à un but, d'une partie d'un tout. Il ne peut jamais être manipulé correctement à moins d'être intégré à un modèle plus large et conçu pour le servir.

C'est, dans une certaine mesure, le rôle que joue Notre Sainte Mère dans la vie morale de notre jeunesse catholique. Elle est cet amour idéal pour lequel les amours et les impulsions plus ou moins basses sont sacrifiés.

Le niveau de toute civilisation est le niveau de sa féminité. Ce qu'ils sont, les hommes le seront, car l'amour va toujours à la rencontre des exigences de l'objet aimé. Étant donné qu'une femme comme la Mère de Notre Seigneur est notre Mère surnaturelle, nous avons l'une des plus grandes inspirations pour une vie plus noble que ce monde ait jamais connue.

À Notre-Dame - Belle Dame vêtue de bleu

Charmante dame vêtue de bleu

Apprends-moi à prier !

Dieu n'était que ton petit garçon,

Dites-moi quoi dire !

L'avez-vous élevé, parfois,

Doucement, sur vos genoux ?

Lui as-tu chanté de la manière

Maman me fait ?

Lui avez-vous tenu la main la nuit ?

Avez-vous déjà essayé

Raconter des histoires du monde ?

O! Et a-t-il pleuré ?

Pensez-vous vraiment qu'il se soucie de lui

Si je Lui dis des choses...

Des petites choses qui se passent ? Et

Fais les ailes des anges

Faire du bruit ? Et peut-Il entendre

Moi si je parle bas ?

Est-ce qu'Il me comprend maintenant ?

Dites-moi... car vous savez ?

Charmante dame vêtue de bleu

Apprends-moi à prier !

Dieu n'était que ton petit garçon,

Et vous connaissez le chemin.

(Crédit : Mary Dixon Thayer)

Salve Regina

Je vous salue Sainte Reine, Mère de la Miséricorde. Salut notre vie, notre douceur et notre espérance ! C'est vers toi que nous crions, pauvres enfants exilés d'Ève; C'est à toi que nous adressons nos soupirs, nos deuils et nos pleurs dans cette vallée de larmes. Tourne donc, très gracieux avocat, vers nous tes yeux de miséricorde ; et après cet exil, montre-nous le fruit béni de tes entrailles, Jésus. Ô clément, ô aimante, ô douce Vierge Marie. Priez pour nous, ô sainte Mère de Dieu. Afin que nous soyons rendus dignes des promesses du Christ. Amen.

Je vous salue Marie

Je vous salue Marie, pleine de grâce, le Seigneur est avec vous : tu es bénie entre toutes les femmes, et béni est le fruit de tes entrailles, Jésus. Sainte Marie, Mère de Dieu, priez pour nous, pécheurs, maintenant et à l'heure de notre mort. Amen.

Litanies de la Bienheureuse Vierge Marie

Seigneur, aie pitié de nous.

Christ, aie pitié de nous.

Seigneur, aie pitié de nous. Christ, écoute-nous.

Christ, exauce-nous de grâce.

Dieu, le Père des cieux, aie pitié de nous.

Dieu le Fils, Rédempteur du monde, aie pitié de nous.

Dieu, le Saint-Esprit, aie pitié de nous.

Sainte Trinité, un seul Dieu, aie pitié de nous.

Sainte Marie, priez pour nous.

Sainte Mère de Dieu, priez pour nous.

Sainte Vierge des vierges, priez pour nous.

Mère du Christ, priez pour nous.

Mère de la grâce divine, priez pour nous.

Mère très pure, priez pour nous.

Mère très chaste, priez pour nous.

Mère inviolée, priez pour nous.

Mère sans tache, priez pour nous.

Mère très aimable, priez pour nous.

Mère très admirable, priez pour nous.

Mère du bon conseil, priez pour nous.

Mère de notre Créateur, priez pour nous.

Mère de notre Sauveur, priez pour nous.

Vierge très prudente, priez pour nous.

Vierge très vénérable, priez pour nous.

Vierge très renommée, priez pour nous.

Vierge très puissante, priez pour nous.

Vierge très miséricordieuse, priez pour nous.

Vierge très fidèle, priez pour nous.

Miroir de la justice, priez pour nous.

Siège de la sagesse, priez pour nous.

Cause de notre joie, priez pour nous.

Réceptacle spirituel, priez pour nous.

Réceptacle d'honneur, priez pour nous.

Singulier vase de dévotion, priez pour nous.

Rose mystique, priez pour nous.

Tour de David, priez pour nous.

Tour d'ivoire, priez pour nous.

Maison d'or, priez pour nous.

Arche d'alliance, priez pour nous.

Porte du ciel, priez pour nous.

Etoile du matin, priez pour nous.

Santé des malades, priez pour nous.

Refuge des pécheurs, priez pour nous.

Consolateur des affligés, priez pour nous.

Aide des chrétiens, priez pour nous.

Reine des anges, priez pour nous.

Reine des patriarches, priez pour nous.

Reine des prophètes, priez pour nous.

Reine des apôtres, priez pour nous.

Reine des martyrs, priez pour nous.

Reine des confesseurs, priez pour nous.

Reine des vierges, priez pour nous.

Reine de tous les saints, priez pour nous.

Reine conçue sans péché originel, priez pour nous.

Reine du très saint Rosaire, priez pour nous.

Reine de la paix, priez pour nous.

Agneau de Dieu, qui enlève les péchés du monde.

Épargne-nous, Seigneur.

Agneau de Dieu, qui enlève les péchés du monde.

Exauce-nous avec grâce, Seigneur.

Agneau de Dieu, qui enlève les péchés du monde.

Aie pitié de nous.

Christ, écoute-nous.

Christ, exauce-nous de grâce.

Priez pour nous, ô sainte Mère de Dieu.

Afin que nous soyons rendus dignes des promesses du Christ.

Prions

Répands, nous t'en supplions, Seigneur, ta grâce dans nos cœurs ; afin que nous, à qui l'incarnation du Christ ton Fils a été révélée par le message d'un ange, soyons portés par sa passion et sa croix à la gloire de sa résurrection. Par le même Christ notre Seigneur.

Que l'assistance divine demeure toujours parmi nous.

Que les âmes des fidèles défunts, par la miséricorde de Dieu, reposent en paix. Amen.

Nous volons sous ton patronage, ô sainte Mère de Dieu, ne méprisez pas nos demandes dans nos nécessités ; mais délivre-nous de tous les dangers, Vierge toujours glorieuse et bénie. Amen.

PRIÈRES DE MÉDITATION ET PÉTITION

DE L'ARMURE DE DIEU

&

LIVRETS DE L'HEURE SAINTE

Le Christ à une âme fidèle

Thomas à Kempis

L'Imitation du Christ, Livre 3, Chapitre 1

Heureuses sont les âmes qui entendent le Seigneur parler en elles et qui reçoivent de leur bouche la parole de consolation.

Heureuses sont les oreilles qui entendent les accents du murmure divin et ne font pas attention aux murmures du monde.

Des oreilles heureuses, en effet, sont ces oreilles qui écoutent la vérité elle-même enseignant en soi, et qui n'écoutent pas la voix qui retentit au dehors.

Des yeux heureux, fermés aux choses extérieures et attentifs à l'intérieur. Heureux ceux qui pénètrent dans les choses intérieures et s'efforcent de se préparer de plus en plus par des exercices quotidiens, l'atteinte aux secrets célestes.

Heureux ceux qui cherchent à être entièrement concentrés sur Dieu et qui se débarrassent de tous les obstacles du monde.

Fais attention à ces choses, ô mon âme, et ferme les portes de tes sens, afin que tu entendes ce que le Seigneur, ton Dieu, dit en toi.

Ainsi parle ton Bien-Aimé : Je suis ton salut, ta paix et ta vie; Demeurez en moi, et vous trouverez la paix.

Laissez de côté toutes les choses transitoires et recherchez les choses éternelles.

Qu'est-ce que tout ce qui est temporel, sinon la tromperie ? Et à quoi tout ce qui est créé vous servira-t-il, si vous êtes abandonné par votre Créateur ?

Rejetez donc toutes les choses terrestres; rends-toi agréable à ton Créateur et fidèle à Lui, afin que tu puisses atteindre le vrai bonheur.

Prière pour suivre l'exemple
de Jésus-Christ

Thomas à Kempis

L'Imitation du Christ, Livre 3, Chapitre 18

Mon Enfant, Je suis descendu du ciel pour votre salut; J'ai pris sur moi vos misères, non par nécessité, mais par amour, afin que vous appreniez la patience et que vous supportiez, sans regretter, les misères de cette vie. Car, depuis l'heure de ma naissance jusqu'à mon expiration sur la croix, je n'ai jamais été sans souffrance.

Seigneur, parce que tu as été patient dans la vie, surtout dans l'accomplissement du commandement du Père, il convient que moi, misérable pécheur, je supporte, selon ta volonté, tout avec patience et, aussi longtemps que tu le veux, supporte le fardeau de cette vie corruptible, afin d'obtenir mon salut.

Oh, quelle grande reconnaissance suis-je obligé de vous rendre pour m'avoir accordé de me montrer, à moi et à tous les fidèles, un droit et bon chemin vers un royaume éternel !

Si Tu n'étais pas allé nous instruire avant nous, qui se serait soucié de nous suivre ?

Voici, nous sommes encore tièdes, malgré tous les miracles et les instructions que nous avons entendus. Que serait-ce donc si nous n'avions pas cette grande lumière qui nous permette de te suivre ?

Prière contre les mauvaises pensées

Thomas à Kempis

L'Imitation du Christ - Livre 3, Chapitre 23

Ô Seigneur, mon Dieu, ne sois pas loin de moi. Ô mon Dieu, hâte-toi de m'aider, car diverses mauvaises pensées et de grandes craintes se sont élevées contre moi, affligeant mon âme. Comment pourrais-je les passer sans me blesser ? Comment vais-je les percer ?

« Et le peuple les prendra et les ramènera à leur place, et la maison d'Israël les possédera dans le pays de l'Éternel pour serviteurs et servantes, et ils les rendront captifs ceux qui les avaient pris, et ils soumettront leurs oppresseurs » (Ésaïe 14:2).

Moi, dit-il, j'irai devant toi, et j'humilierai les grands de la terre. J'ouvrirai les portes de la prison et je te révélerai des secrets cachés.

Fais ce que tu dis, Seigneur, et laisse toutes ces mauvaises pensées s'éloigner de Ta face.

C'est mon espérance et ma seule consolation, de voler vers toi dans toutes les tribulations, de me confier à toi, de t'invoquer de tout mon cœur, et de chercher patiemment ta consolation.

Prière pour l'éclairage de l'esprit

Thomas à Kempis

L'Imitation du Christ, Livre 3, Chapitre 23

Éclaire-moi, ô bon Jésus, de l'éclat de la lumière intérieure, et chasse toutes les ténèbres de la demeure de mon cœur. Limitez mes nombreuses pensées vagabondes et réprimez toutes les tentations qui m'assaillent violemment.

Combattez avec force pour moi et vainquez ces bêtes méchantes, je veux dire ces concupiscences séduisantes, afin que la paix soit faite en votre pouvoir, et que l'abondance de vos louanges retentisse dans votre sainte cour, qui est une conscience pure.

Commandez les vents et les tempêtes; dis à la mer : « Tais-toi » et au vent du nord : « Ne souffle pas » ; et un grand calme s'ensuivra.

Envoie Ta lumière et Ta vérité pour briller sur la terre; car je suis comme la terre, vide et vide jusqu'à ce que tu m'illumines.

Répands Ta grâce d'en haut; Arrosez mon cœur de la rosée du ciel. Faites descendre les eaux de la dévotion pour laver la face de la terre, pour produire des fruits bons et parfaits.

Élève mon esprit, oppressé par le poids des péchés, et élève tout mon désir vers les choses célestes, afin que, ayant goûté à la douceur du bonheur d'en haut, je n'aie aucun plaisir à penser aux choses de la terre.

Éloigne-moi et délivre-moi de tout confort instable des créatures; car aucune chose créée ne peut entièrement apaiser et satisfaire mes désirs.

Unissez-moi à Toi par un lien inséparable d'amour, parce que Toi seul peux satisfaire l'amant, et sans Toi, toutes choses sont frivoles.

Prière pour la charité et la tolérance

(Attribué à Eusèbe, évêque de Césarée)

Puissé-je n'être l'ennemi de personne, et puissé-je être l'ami de ce qui est éternel et demeure. Puissé-je ne jamais me quereller avec ceux qui sont les plus proches de moi; et si je le fais, puissé-je me réconcilier rapidement. Puissé-je ne jamais concevoir de mal contre aucun homme; si quelqu'un médite du mal contre moi, puissé-je m'en sortir indemne et sans avoir besoin de lui faire du mal.

Puissé-je aimer, chercher et atteindre seulement ce qui est bon. Puissé-je souhaiter le bonheur de tous les hommes et n'envier personne. Puissé-je ne jamais me réjouir du malheur de celui qui m'a fait du tort.

Quand j'ai fait ou dit ce qui est mal, puissé-je ne jamais attendre la réprimande des autres, mais me réprimander toujours jusqu'à ce que je fasse amende honorable. Puissé-je ne remporter aucune victoire qui me nuise ou qui nuise à mon adversaire. Puissé-je réconcilier des amis qui sont en colère les uns contre les autres.

Puissé-je, dans la mesure de mes moyens, donner toute l'aide nécessaire à mes amis et à tous ceux qui sont dans le besoin. Puissé-je ne jamais manquer à un ami en danger.

En visitant ceux qui sont en deuil, puissé-je être capable, par des paroles douces et apaisantes, d'adoucir leur douleur.

Puis-je me respecter... Puissé-je toujours dompter ce qui fait rage en moi...

Puissé-je m'habituer à être doux et à ne jamais être en colère contre les gens à cause des circonstances.

Puissé-je ne jamais discuter de qui est méchant et de ce qu'il a fait de méchant, mais de connaître des hommes de bien et de suivre leurs traces, par le Christ Notre Seigneur. Amen.

Une prière universelle

(Composé par le pape Clément XI)

Ô mon Dieu, je crois en toi; fortifie ma foi. Toutes mes espérances sont en toi; assure-les en sûreté. Je t'aime de tout mon cœur; apprends-moi à t'aimer chaque jour de plus en plus. Je suis désolé de t'avoir offensé; augmente ma douleur.

Je t'adore comme mon premier commencement; J'aspire à Toi comme à ma fin dernière. Je te rends grâces comme mon bienfaiteur constant; Je t'invoque comme mon souverain protecteur.

Accorde, ô mon Dieu, de me conduire par ta sagesse, de me retenir par ta justice, de me consoler par ta miséricorde, de me défendre par ta puissance.

C'est à toi que je désire consacrer toutes mes pensées, mes paroles, mes actions et mes souffrances; afin qu'désormais je puisse penser à vous, parler de vous, rapporter constamment toutes mes actions à votre plus grande gloire, et souffrir volontiers tout ce que vous désignerez.

Seigneur, je désire en toutes choses que Ta volonté soit faite, parce que c'est Ta volonté, de la manière que Tu veux, et aussi longtemps que Tu le voulais.

Je te supplie d'éclairer mon intelligence, d'enflammer ma volonté, de purifier mon corps et de sanctifier mon âme.

Fais que je ne sois pas enflé d'orgueil, ému par la flatterie, trompé par le monde, ni dupé par le diable.

Donne-moi la grâce de purifier ma mémoire, de brider ma langue, de retenir mes yeux et de mortifier mes sens.

Donne-moi la force, ô mon Dieu, d'expier mes offenses, de vaincre mes tentations, de dompter mes passions, et d'acquérir les vertus propres à mon état.

Remplis mon cœur d'une tendre affection pour ta bonté, d'une haine pour mes fautes, d'un amour pour mon prochain et d'un mépris pour le monde.

Que je me souvienne toujours d'être soumis à mes supérieurs, patient avec mes inférieurs, fidèle à mes amis et charitable envers mes ennemis.

Accorde, ô Jésus, que je me souvienne de ton précepte et de ton exemple en aimant mes ennemis, en supportant les injures, en faisant du bien à ceux qui me persécutent, et en priant pour ceux qui me calomnient.

Aide-moi à vaincre la sensualité par la mortification, l'avarice par l'aumône, la colère par la douceur, la tiédeur par la dévotion.

Ô mon Dieu, rends-moi prudent dans mes entreprises, courageux dans les dangers, patient dans les afflictions et humble dans la prospérité.

Accorde-moi d'être toujours attentif dans mes prières, modéré dans les repas, diligent dans les emplois et constant dans les bonnes résolutions.

Que ma conscience soit toujours droite et pure, que mon extérieur soit modeste, que ma conversation soit édifiante, et que ma vie soit conforme à la règle.

Aide-moi, afin que je puisse continuellement travailler à vaincre la nature, à correspondre à ta grâce, à garder tes commandements et à travailler à mon salut.

Aide-moi à obtenir la sainteté de vie par une confession sincère de mes péchés, par une réception pieuse du Corps du Christ, par un recueillement continuel de l'esprit et par une intention pure du cœur.

Révèle-moi, ô mon Dieu, le néant de ce monde, la grandeur du ciel, la brièveté du temps et la longueur de l'éternité.

Accorde-moi de me préparer à la mort, de craindre tes jugements, d'échapper à l'enfer et, à la fin, d'obtenir le ciel, par les mérites de Notre-Seigneur Jésus-Christ.

Une prière de l'Église

Sous de graves persécutions

Tu as brisé les fontaines et les torrents; tu as tari les fleuves de l'Ethan.

À toi le jour, et à toi la nuit; Tu as fait la lumière du matin et le soleil.

Tu as fait toutes les frontières de la terre; L'été et le printemps ont été formés par toi.

Souviens-toi de ceci, l'ennemi a fait des outrages au Seigneur; et un peuple insensé a provoqué ton nom.

Ne livre pas aux bêtes les âmes qui te confessent, et n'oublie pas pour la fin les âmes de tes pauvres.

Regarde ton alliance, car ceux qui sont les obscurs de la terre ont été remplis de demeures d'iniquité.

Que les humbles ne soient pas détournés dans la confusion; Les pauvres et les nécessiteux loueront ton nom.

Lève-toi, ô Dieu, juge de ta propre cause : souviens-toi des reproches dont l'insensé t'a fait l'opprobre tout le jour.

N'oublie pas les voix de tes ennemis, l'orgueil de ceux qui te haïssent monte continuellement. (Psaume 73 [74] :15-23)

Prière de saint Ignace

Prenez, Seigneur, et recevez toute ma liberté, ma mémoire, mon intelligence et toute ma volonté. Tout ce que je suis, tout ce que j'ai, tu me l'as donné, et je te le rendrai pour que j'en dispose selon ton bon plaisir. Donne-moi seulement ton amour et ta grâce; avec toi, je suis assez riche, et je ne demande rien d'autre à cela. Amen.

La prière de la flèche d'or

Que le Nom de Dieu le plus saint, le plus sacré, le plus adorable, le plus incompréhensible et l'inexprimable soit toujours loué, béni, aimé, adoré et glorifié au Ciel, sur la terre et sous la terre, par toutes les créatures de Dieu, et par le Sacré-Cœur de Notre Seigneur Jésus-Christ dans le Très Saint Sacrement de l'autel. Amen.

REMERCIEMENTS

Aux membres de la Fondation Archevêque Fulton John Sheen à Peoria, Illinois. En particulier, à Mgr Daniel R. Jenky, C.S.C., évêque de Peoria, pour votre leadership et votre fidélité à la cause de la canonisation de Sheen et à la création de ce livre.

http://www.archbishopsheencause.org

À Phillip Lee, du diocèse catholique de Peoria, pour avoir accordé la permission d'utiliser l'image de la Sainte Hostie dans l'ostensoir, qui a été placé sur l'autel principal de la cathédrale Sainte-Marie de l'Immaculée Conception située à Peoria, dans l'Illinois.

(http://www.cdop.org)

Au personnel de Sophia Institute Press pour leur aide inestimable dans le partage des écrits de l'archevêque Fulton J. Sheen avec une nouvelle génération de lecteurs.

http://www.sophiainstitute.com

Aux bonnes gens de « Bishop Sheen Today ». Nous apprécions vos conseils, votre soutien et vos prières pour nous aider à partager la sagesse de l'archevêque Fulton J. Sheen. Votre travail apostolique de partage de ses présentations audio et vidéo ainsi que de ses nombreux écrits à un public mondial est très apprécié.

http://www.bishopsheentoday.com

Aux bénévoles de la Société missionnaire de l'archevêque Fulton J. Sheen du Canada : votre devise « À moins que les âmes ne soient sauvées, rien n'est sauvé » parle de la réalité que Jésus-Christ est venu dans le monde pour rendre le salut accessible à toutes les âmes.

www.archbishopfultonjsheenmissionsocietyofcanada.org

Et enfin, à l'archevêque Fulton J. Sheen, dont les enseignements sur la Passion de Notre Seigneur et ses sept dernières paroles continuent de m'inspirer à aimer davantage Dieu et à apprécier le don de l'Église.

Puissions-nous être bénis au point d'imiter l'amour de l'archevêque Sheen pour les saints, les sacrements, l'Eucharistie et la Bienheureuse Vierge Marie. Que le Bon Dieu lui accorde une place très élevée au ciel !

À PROPOS DE L'AUTEUR

Fulton J. Sheen (1895-1979)

L'archevêque Sheen, surtout connu pour son émission de télévision populairement télévisée et syndiquée, Life is Worth Living, est considéré aujourd'hui comme l'une des figures les plus largement reconnues du catholicisme du XXe siècle.

Fulton John Sheen, né le 8 mai 1895 à El Paso, dans l'Illinois, a été élevé et éduqué dans la foi catholique romaine. Initialement nommé Peter John Sheen, il est connu comme un jeune garçon sous le nom de jeune fille de sa mère, Fulton. Il a été ordonné prêtre du diocèse de Peoria à la cathédrale St. Mary de Peoria, dans l'Illinois, le 20 septembre 1919.

Après son ordination, Sheen étudie à l'Université catholique de Louvain, où il obtient un doctorat en philosophie en 1923. La même année, il reçoit le prix Cardinal Mercier de philosophie internationale, devenant ainsi le premier Américain à recevoir cette distinction.

De retour en Amérique, après un travail varié et étendu à travers l'Europe, Sheen a continué à prêcher et à enseigner la théologie et la philosophie de 1927 à 1950, à l'Université catholique d'Amérique à Washington DC.

À partir de 1930, Sheen animait une émission de radio hebdomadaire le dimanche soir appelée « The Catholic Hour ». Cette émission a captivé de nombreux auditeurs dévoués, attirant apparemment un public de quatre millions de personnes chaque semaine pendant plus de vingt ans.

En 1950, il devient directeur national de l'Œuvre de la Propagation de la Foi, collectant des fonds pour soutenir les missionnaires. Au cours des seize années qu'il a passées à ce poste, des millions de dollars ont été collectés pour soutenir l'activité missionnaire de l'Église. Ces efforts ont influencé des dizaines de millions de personnes dans le monde entier, les amenant à connaître le Christ et son Église. De plus, sa prédication et son exemple personnel ont amené de nombreux convertis au catholicisme.

En 1951, Sheen est nommé évêque auxiliaire de l'archidiocèse de New York. La même année, il a commencé à animer son émission de télévision « Life is Worth Living », qui a duré six ans.

Au cours de sa diffusion, ce programme a rivalisé pour le temps d'antenne avec des programmes télévisés populaires animés par des gens comme Frank Sinatra et Milton Berle. Le programme de Sheen a tenu bon et, en 1953, deux ans seulement après ses débuts, il a remporté un Emmy Award pour la « personnalité de télévision la plus remarquable ». Fulton Sheen a crédité les évangélistes - Matthieu, Marc, Luc et Jean - pour leur précieuse contribution à son succès. L'émission de télévision de Sheen a duré jusqu'en 1957, comptant jusqu'à trente millions de téléspectateurs hebdomadaires.

À l'automne 1966, Sheen a été nommé évêque de Rochester, dans l'État de New York. Pendant ce temps, l'évêque Sheen a animé une autre série télévisée, « The

Fulton Sheen Program », qui a été diffusée de 1961 à 1968, modélisant étroitement le format de sa série « Life is Worth Living ».

Après près de trois ans en tant qu'évêque de Rochester, Fulton Sheen démissionna et fut bientôt nommé par le pape Paul VI archevêque titulaire du siège de Newport, au Pays de Galles. Cette nouvelle nomination a donné à Sheen la flexibilité nécessaire pour continuer à prêcher.

Un autre titre de gloire est les homélies annuelles du Vendredi saint de l'évêque Sheen, qu'il a prêchées pendant cinquante-huit années consécutives à la cathédrale Saint-Patrick de New York et ailleurs. Sheen a également dirigé de nombreuses retraites pour les prêtres et les religieux, prêchant lors de conférences dans le monde entier.

Lorsque le pape saint Pie XII lui demanda combien de convertis il avait faits, Sheen répondit : « Votre Sainteté, je ne les ai jamais comptés. J'ai toujours peur que, si je les comptais, je croie que je les ai faits à la place du Seigneur.

Sheen était connu pour être accessible et terre-à-terre. Il avait l'habitude de dire : « Si vous voulez que les gens restent tels qu'ils sont, dites-leur ce qu'ils veulent entendre. Si vous voulez les améliorer, dites-leur ce qu'ils doivent savoir. C'est ce qu'il fit, non seulement dans sa prédication, mais aussi à travers ses nombreux livres et articles. Son livre intitulé « Peace of Soul » s'est classé sixième sur la liste des best-sellers du New York Times.

Trois des grands amours de Sheen étaient : les missions et la propagation de la foi; la Sainte Mère de Dieu et l'Eucharistie.

Il a fait une heure sainte quotidienne de prière devant le Saint-Sacrement. C'est de Jésus lui-même qu'il a puisé la force et l'inspiration pour prêcher l'Évangile, et en présence de Lui qu'il a préparé ses homélies. « Je supplie [le Christ] chaque jour de me garder fort physiquement et mentalement alerte, afin de prêcher son évangile et de proclamer sa croix et sa résurrection », a-t-il déclaré. « Je suis si heureuse de le faire que j'ai parfois l'impression que lorsque je viendrai au bon Dieu au ciel, je prendrai quelques jours de repos et je lui demanderai ensuite de me permettre de revenir sur cette terre pour faire un peu plus de travail. »

Ses contributions à l'Église catholique sont nombreuses et variées, allant de l'éducation dans les salles de classe, les églises et les foyers, à la prédication dans une émission de radio à la publicité nationale et à deux programmes télévisés, ainsi qu'à la rédaction de plus de soixante ouvrages écrits. L'archevêque Fulton J. Sheen avait le don de communiquer la Parole de Dieu de la manière la plus pure et la plus simple. Sa solide formation en philosophie l'a aidé à établir des relations très personnalisées avec tout le monde. Ses messages intemporels continuent d'avoir une grande pertinence aujourd'hui. Son objectif était d'inspirer tout le monde à vivre une vie centrée sur Dieu avec la joie et l'amour que Dieu voulait.

Le 2 octobre 1979, l'archevêque Sheen a reçu sa plus grande distinction, lorsque le pape saint Jean-Paul II l'a embrassé à la cathédrale Saint-Patrick de New

York. Le Saint-Père lui dit : « Tu as écrit et tu as dit du bien du Seigneur Jésus. Tu es un fils loyal de l'Église. Le bon Dieu a rappelé Fulton Sheen à la maison le 9 décembre 1979. Ses émissions de télévision maintenant disponibles à travers divers médias, et ses livres, prolongent son œuvre terrestre de gagner des âmes pour Christ. La cause de canonisation de Sheen a été ouverte en 2002. En 2012, le pape Benoît XVI l'a déclaré « vénérable » et, en juillet 2019, le pape François a officiellement approuvé le miracle nécessaire pour que le processus de béatification et de canonisation de Sheen puisse aller de l'avant. L'heure et la date pour que l'Église déclare l'archevêque Fulton J. Sheen saint sont entre les mains de Dieu.

Prière pour la canonisation de l'archevêque Fulton J. Sheen

Père céleste, source de toute sainteté, tu suscites dans l'Église, à toutes les époques, des hommes et des femmes qui servent avec un amour et un dévouement héroïques.

Vous avez béni votre Église à travers la vie et le ministère de votre fidèle serviteur, l'archevêque Fulton J. Sheen.

Il a écrit et parlé en bien de ton divin Fils, Jésus-Christ, et a été un véritable instrument du Saint-Esprit pour toucher le cœur d'innombrables personnes.

Si c'est selon votre volonté, pour l'honneur et la gloire de la Très Sainte Trinité et pour le salut des âmes, nous vous demandons d'inciter l'Église à le proclamer saint. Nous demandons cette prière par Jésus-Christ, notre Seigneur. Amen.

Imprimatur : +Mgr Daniel R. Jenky, C.S.C., Évêque de Peoria

Livres de qualité disponibles sur

Bishop Sheen Today

Le Calvaire et la Messe

Victoire sur le vice

Les sept vertus

Le prêtre n'est pas le sien

RENDEZ-NOUS VISITE AU

L'ÉVÊQUE SHEEN AUJOURD'HUI

http://www.bishopsheentoday.com

DIEU T'AIME